101 EJERCICIOS PARA EL ATAQUE de BALONCESTO

**George Karl, Terry Stotts
y Price Johnson**

2ª edición

Paidotribo

Título original: *101 Offensive Basketball Drills*

Copyright de la edición original: © Coaches Choice
P. O. Box 1828
Monterrey CA 93942 (USA)

Traducción: Eduardo Margaretto Kohrmann

Revisión técnica: Jordi Ticó Camí

Diseño de cubierta: David Carretero

© 2015, George Karl
Terry Stotts
Price Johnson

Editorial Paidotribo
Les Guixeres
C/ de la Energía, 19-21
08915 Badalona (España)
Tel.: 93 323 33 11 – Fax: 93 453 50 33
http://www.paidotribo.com
E-mail: paidotribo@paidotribo.com

5ª reimpresión de la 2ª edición
ISBN: 978-84-8019-620-8
BIC: WSJM

Fotocomposición: Editor Service, S.L.
Diagonal, 299 – 08013 Barcelona

Impreso en España por Bgrafic Media Printing, S.L. / bgrafic@bgrafic.es

ÍNDICE

AGRADECIMIENTOS

Los autores desean agradecer a John Sullivan su colaboración editorial en la redacción de las jugadas que se presentan en este libro. Asimismo, los autores agradecen los servicios prestados por el equipo de Coaches Choice Books and Videos, –especialmente Michelle Summers, Joanna Wright, Debbie Bellaire y Julie Denzer, para la publicación de este libro.

Por último, queremos dar las gracias también a todos los jugadores y entrenadores con los que hemos tenido la oportunidad de trabajar a lo largo de los años. Sus esfuerzos y sus enseñanzas han sido de gran ayuda para decidir el diseño de este libro, así como para la selección de las jugadas incluidas en él.

DEDICATORIA

*Dedicamos este libro a nuestras familias,
que nos motivaron en nuestra lucha por
superarnos y por alcanzar nuevos logros.
Su amor nos enriquece y nos da fuerza.*

George Karl
Terry Stotts
Price Johnson

Durante los más de treinta años que he dedicado al baloncesto, como jugador y entrenador, he podido observar numerosas situaciones en la pista y, literalmente, a miles de jugadores intentando jugar al máximo de sus capacidades. En conjunto, mis experiencias me han dado la oportunidad de evaluar muchas técnicas y fundamentos para la práctica competitiva del baloncesto, así como una gran variedad de métodos para la enseñanza de esas técnicas y fundamentos. En este camino, he llegado a comprender que el verdadero aprendizaje se consigue cuando existe un auténtico deseo de aprender, un riguroso conocimiento de todo lo que puede aprenderse, y entrenadores y jugadores comprenden que se puede alcanzar un objetivo determinado.

Los tres coautores hemos escrito este libro para proporcionar a los entrenadores de baloncesto de cualquier nivel competitivo una herramienta que les puede permitir optimizar las habilidades y las cualidades de sus jugadores. Como vehículo para la enseñanza y el aprendizaje, las jugadas especialmente preparadas para este libro pueden resultar de gran utilidad. El libro ofrece ejercicios y jugadas que he podido clasificar, ensayar y aplicar en la pista a lo largo de toda mi carrera como entrenador de baloncesto. Si al poner en práctica las jugadas presentadas en este libro los entrenadores consiguen desarrollar las capacidades de sus jugadores, querrá decir que el esfuerzo que ha representado escribirlo habrá valido la pena.

George Karl

SÍMBOLOS DE LOS DIAGRAMAS

E — entrenador

0 — atacante

X – defensores

1— base

2— escolta

3— alero

4— ala-pívot

5— pívot

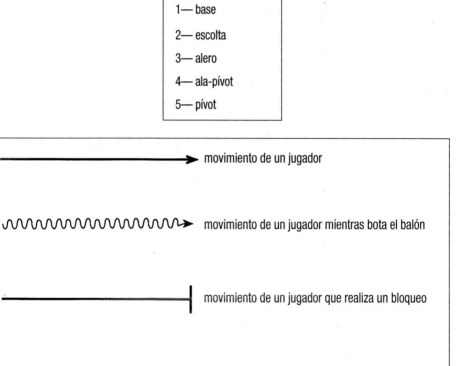

movimiento de un jugador

movimiento de un jugador mientras bota el balón

movimiento de un jugador que realiza un bloqueo

movimiento del balón en un pase

CAPÍTULO I

EJERCICIOS DE MEJORA DE LA CONDICIÓN FÍSICA

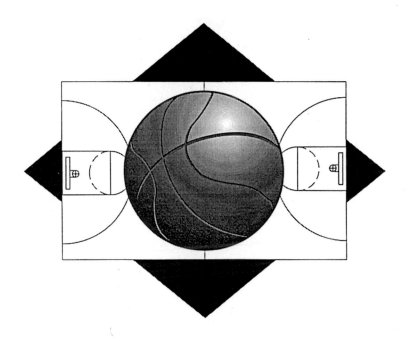

EJERCICIO 1: MOVERSE A UNA ORDEN

Objetivo: Entrar en calor; mejorar la capacidad para desplazarse lateralmente; incrementar el nivel de forma física.

Descripción: Los jugadores se colocarán de cara al entrenador con una separación de al menos la longitud de dos brazos de sus compañeros más cercanos. Utilizando un balón para mostrar la dirección de los movimientos, el entrenador indicará a los jugadores que realicen una serie de movimientos específicos; por ejemplo, desplazarse en posición defensiva hacia la derecha y hacia la izquierda, correr hacia atrás, correr sin moverse del sitio, etc. Los jugadores deberán reaccionar ante cada señal del entrenador.

Clave del entrenamiento:

• A medida que el ejercicio progrese y los jugadores empiecen a entrar en calor, el tiempo de separación entre cada una de las señales que realiza el entrenador puede ir reduciéndose.

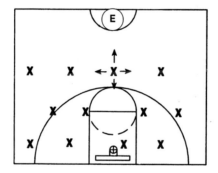

EJERCICIO 2: EJERCICIO DE CALENTAMIENTO EN LAS CUATRO ESQUINAS

Objetivo: Entrar en calor; practicar las acciones de pase, trabajo de pies, anotar en bandeja y de rebote.

Descripción: El ejercicio comienza con cinco jugadores situados tal como se muestra en el diagrama. 3 inicia el ejercicio con un pase cruzado hacia 04. Cuando se efectúe este pase, 1 (el jugador que intentará encestar) y 2 (el reboteador y el que hará el pase de salida) cortan hacia la canasta. Entonces, 4 le enviará el balón a 5, que le deberá enviar un pase a 1 mientras aún está corriendo para que pueda anotar en bandeja. 1 deberá intentar anotar sin botar nunca el balón. 2 cogerá el rebote y le enviará el balón a 3. El ejercicio no debe detenerse y los jugadores irán rotando en sentido contrario al de las agujas del reloj. El movimiento del balón puede invertirse para darle a los jugadores la oportunidad de trabajar las bandejas con la mano contraria. Cuando se utilice el ejercicio en una situación práctica, el entrenador puede incluir algún elemento que sirva para aumentar la preparación física instaurando penalizaciones para los pases fallados, cuando el balón toque el suelo o para las bandejas falladas (por ejemplo, esprints, flexiones, etc.).

Claves del entrenamiento:

• Debe recalcarse que el balón nunca debe tocar el suelo.
• Se trata de que el jugador que realiza la entrada a canasta en bandeja recoja el balón por encima del nivel de los hombros.
• El ejercicio debe comenzar utilizando un balón, pero a medida que se desarrolle la habilidad y la pericia de los jugadores se usarán dos o tres balones.

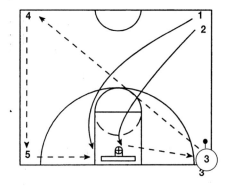

EJERCICIO 3: EJERCICIO DE CUATRO MINUTOS

Objetivo: Desarrollar la resistencia; practicar las entradas a canasta en bandeja y los tiros en suspensión.

Descripción: En este ejercicio participan cinco jugadores al mismo tiempo. Los jugadores de las filas 1, 2 y 3 comienzan el ejercicio con un rápido contraataque de tres jugadores hacia la canasta contraria. Se pasarán el balón de un lado a otro sin que toque nunca el suelo. Cuando el balón llega hasta la otra canasta, 3 realizará una entrada a canasta. 1 y 2 se pararán a la altura de la parte superior de la zona. Después de recibir un pase de los jugadores de las filas 5 y 4, respectivamente, 1 y 2 realizarán un tiro en suspensión. 3 cogerá el rebote de su propia bandeja y se situará en la posición central para llevar a cabo un nuevo contraataque junto con 4 y 5 en la dirección contraria. El objetivo principal es intentar conseguir 100 canastas (globalmente, entre bandejas y tiros en suspensión) en cuatro minutos.

Clave del entrenamiento:

• Debe recalcarse la importancia de correr por el carril exterior bien abiertos durante el contraataque.

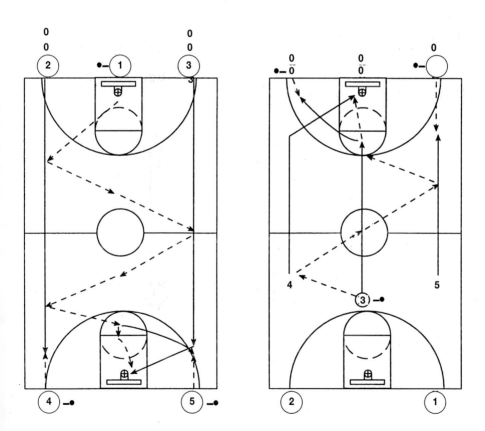

Ejercicio 4: Carrera en cuadrado

Objetivo: Desarrollar la resistencia; practicar el dribling de avance con la derecha y con la izquierda.

Descripción: En uno de los dos lados del campo, el entrenador coloca cuatro conos como se indica en el diagrama. En el ejercicio participan, cada vez, cuatro jugadores, cada uno con un balón y situado inicialmente junto a uno de los cuatro conos. A una señal del entrenador, los jugadores, botando el balón con la mano izquierda, se desplazarán en el sentido de las agujas del reloj alrededor de los cuatro conos. Cada jugador intentará alcanzar al que tiene delante. Después de realizar un preestablecido número de vueltas alrededor de los conos, el entrenador ordenará a los jugadores que cambien de dirección, es decir que se muevan en sentido contrario al de las agujas del reloj, utilizando la mano derecha para botar el balón.

Clave del entrenamiento:

• Debe recalcarse la importancia de ser capaz de controlar el balón y respetar los fundamentos correctos cuando los jugadores se desplazan botándolo con rapidez.

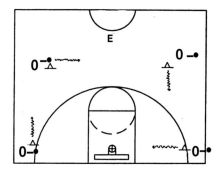

Ejercicio 5: Lucha por el balón

Objetivo: Mejorar la condición física mientras se pelea por recuperar un balón perdido; mejorar el trabajo de pies para pivotar hacia canasta.

Descripción: En este ejercicio participa todo el equipo. El entrenador se sitúa debajo de la canasta con el balón. Dos filas de jugadores se colocan a igual distancia del centro de la línea de tiros libres. Los jugadores deberán emparejarse en función de su altura y el entrenador dará inicio al ejercicio haciendo rodar el balón hacia el centro de la línea de tiros libres. Cuando el balón toque esa línea, el primer jugador de cada fila debe correr para intentar recoger el balón perdido. El primero que llegue hasta él, lo deberá coger y pivotar para penetrar hacia la canasta. El otro jugador deberá llevar a cabo una defensa agresiva. El entrenador puede ordenar que se realice un uno contra uno hasta que uno de los dos jugadores anote una canasta.

Clave del entrenamiento:
- El entrenador debe recalcar que se realice un correcto movimiento de pies en el momento de pivotar, así como fomentar y alentar que se efectúe un movimiento agresivo hacia el aro.

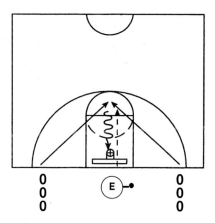

CAPÍTULO II

EJERCICIOS DE MANEJO DE BALÓN

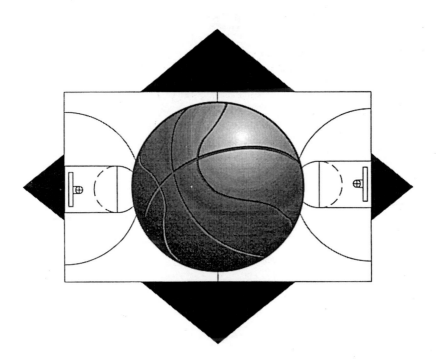

EJERCICIO 6: BOTAR EL BALÓN HACIA DELANTE Y HACIA ATRÁS

Objetivo: Mejorar la acción de dribling del balón descentralizando la vista de él.

Descripción: Este ejercicio resulta apropiado para todo el equipo. Los jugadores deben agruparse en parejas. Uno de los dos jugadores tiene el balón y debe situarse con un pie a cada lado de una línea del campo (por ejemplo, la línea de fondo, una línea de banda, o la del centro del campo) frente al otro jugador que actúa como controlador. El jugador que tiene el balón debe avanzar hacia delante botándolo y moviéndolo hacia fuera y hacia atrás, así como manteniéndolo detrás suyo. El segundo jugador debe asegurarse de que su compañero va hacia algún sitio cada vez que bota el balón. También puede, cada cierto tiempo, levantar una mano mostrando un determinado número de dedos y hacer que el jugador que tiene el balón le diga ese número, ya que así se asegurará de que mantiene siempre la cabeza levantada mientras bota. Después de treinta segundos, los jugadores intercambiarán sus roles. A continuación se repetirá el ejercicio cambiando la mano con la que se bota. El entrenador puede optar por incluir otro jugador más en el ejercicio para que actúe como defensor. Esta variante ayuda a desarrollar la visión de la pista, ya que fuerza al jugador que bota el balón a mirar al otro lado del defensor para poder decir correctamente el número de dedos que muestra el controlador.

Clave del entrenamiento:

• Debe ponerse el énfasis en botar correctamente el balón hacia delante y hacia atrás en un lado, así como en mantener la cabeza alta mientras se bota.

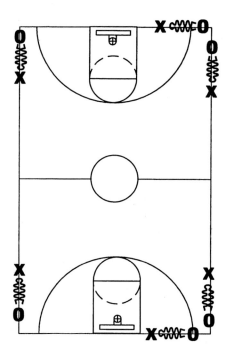

Ejercicio 7: Ejercicio de reverso

Objetivo: Practicar el dribling y el cambio de mano con reverso; aumentar el nivel de condición física.

Descripción: Este ejercicio comienza con un jugador situado con un pie a cada lado de una las líneas del campo y con un balón en su poder. Otro jugador se sitúa delante de él en una correcta posición defensiva. El primer jugador debe avanzar botando con rapidez sólo dos veces y luego ejecutar la maniobra de reverso a través de la línea del campo en la que estén trabajando. Al realizar esta maniobra, el jugador que lleva el balón debe desplazarse hacia atrás más rápido que su defensor hacia delante. El jugador que dribla debe girar su pierna de apoyo al mismo tiempo que mueve el balón para asegurarse de que éste, después de efectuar la maniobra, esté detrás de la posición original del cuerpo. Pasados dos minutos, los jugadores cambiarán sus roles. El entrenador puede optar por incluir en el ejercicio a un tercer jugador que se situará detrás del defensor y levantará una mano mostrando un determinado número de dedos, obligando así al jugador que tiene el balón a que grite ese número.

Clave del entrenamiento:

• El entrenador debe insistir en que el jugador que lleva el balón mantenga la cabeza alta y que se mueva hacia delante.

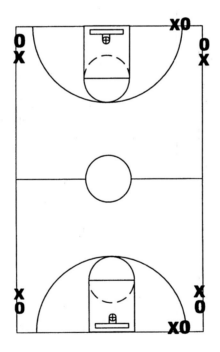

EJERCICIO 8: EJERCICIO EN LA LÍNEA

Objetivo: Desarrollar todos los aspectos del manejo de balón.

Descripción: Cada jugador realiza dos botes justo detrás de una de las líneas del campo. En el tercer bote debe empujar el balón más allá de la línea, pero antes de que toque el suelo debe hacer que vuelva hacia atrás. Esta acción está pensada para practicar el control del balón mientras el jugador se mantiene junto a la línea. Cuando el jugador avance más allá de la línea, a la rutina del ejercicio debe añadirse una finta de cabeza y hombros y movimientos de cambio de ritmo.

Clave del entrenamiento:

• El énfasis principal debe situarse en un buen manejo del balón y en que el jugador mantenga la cabeza alta mientras la bota.

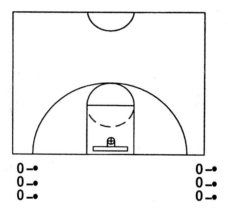

EJERCICIO 9: EJERCICIO DE REVERSO PROTEGIENDO EL BALÓN

Objetivo: Mejorar la acción del dribling protegiendo el balón ante un defensor.

Descripción: Los jugadores deben dividirse en parejas. Uno de los dos jugadores tiene un balón y se sitúa con un pie a cada lado de una de las líneas del campo, mientras que su compañero se coloca en una correcta posición defensiva. El primer jugador avanza botando el balón y gira realizando un rápido reverso mientras bota. Debe fijar su pie más adelantado, pivotar y, simultáneamente, llevar el balón hacia atrás, lejos de su defensor. El jugador que bota el balón debe salir con rapidez del giro manteniéndose lo más cerca posible de la línea en la que están trabajando. El ejercicio se prolongará durante dos minutos y luego los jugadores intercambiarán sus roles. El entrenador puede ordenar al jugador que maneja el balón que sólo realice medio giro en lugar de uno completo para que luego siga avanzando en la misma dirección. También puede decidir incluir a un jugador más, que se situará detrás del defensor. Igual que en los ejercicios anteriores, este tercer jugador mostrará un determinado número de dedos y le pedirá al jugador que tiene el balón que grite ese número.

Clave del entrenamiento:

• El entrenador debe asegurarse de que el jugador que lleva el balón, después de realizar el giro, avanza a una velocidad más rápida que la que tenía antes de efectuarlo, así como de que siempre mantiene la cabeza alta.

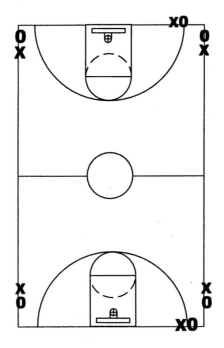

EJERCICIO 10: LUCHA POR ALCANZAR Y TOCAR A OTRO JUGADOR

Objetivo: Mejorar el manejo del balón en una situación competitiva

Descripción: Este ejercicio se realiza en una mitad del campo. Cada jugador tiene un balón y debe botarlo continuamente. A dos jugadores se les elige como "perseguidores". Estos jugadores tienen que mantener una mano levantada hasta que alcancen y toquen a otro jugador. El resto de jugadores debe intentar escaparse de los perseguidores. Los jugadores "perseguidos" tienen que evadirse sin dejar de botar y mantenerse dentro de los límites de la zona en la que se realiza el ejercicio. Los jugadores que pierdan el control del balón o que se salgan de los límites pasarán a ser perseguidores. Los jugadores que pierdan el control del balón mientras intentan alcanzar y tocar a otro jugador mantendrán su condición de clave.

Claves del entrenamiento:

• El entrenador puede variar la duración del ejercicio de acuerdo al nivel de condición física del equipo.
• El entrenador puede decidir que todos los jugadores boten con su mano no dominante.

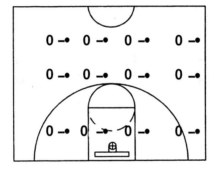

EJERCICIO 11: RELEVOS BOTANDO DOS BALONES

Objetivo: Mejorar la habilidad para botar el balón con ambas manos y a máxima velocidad.

Descripción: El equipo debe dividirse en dos grupos iguales y la mitad de jugadores de cada grupo se situará por detrás de cada una de las líneas de fondo. Cuando el entrenador haga sonar el silbato, el primer jugador de cada grupo avanzará lo más rápido posible botando dos balones, uno con cada mano, hacia la línea de fondo del otro lado del campo. Al llegar, debe tocar a su compañero de equipo, que cogerá los dos balones y avanzará hacia el otro lado de la pista. Si un jugador pierde el control de un balón, tiene que volver a su punto de salida e iniciar de nuevo su carrera. El primer equipo cuyos jugadores completen el ejercicio será el ganador. El entrenador puede optar por utilizar un solo balón por equipo y especificar si los jugadores deben usar su mano dominante o no dominante.

Clave del entrenamiento:

• El entrenador debe subrayar a los jugadores la importancia de mantener la cabeza alta mientras botan los balones.

Equipo 1   Equipo 2

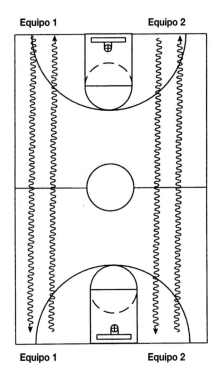

Equipo 1   Equipo 2

Objetivo: Mejorar la habilidad de los jugadores para proteger el balón en una situación competitiva de todos contra todos

Descripción: Este ejercicio comienza con cinco jugadores situados dentro del círculo de tiros libres. A una señal del entrenador, los jugadores empiezan a botar el balón. Cada jugador deberá intentar sacar fuera del círculo el balón de los otros jugadores y, al mismo tiempo, proteger el suyo. Cuando el balón de un jugador salga del círculo, ese jugador quedará eliminado. El ejercicio continúa hasta que en el círculo quede un único jugador. El entrenador puede decidir que cada jugador que resulte eliminado realice un rápido esprint a lo largo de toda la pista para aumentar la competitividad y añadirle al ejercicio un elemento que mejore la condición física.

Clave del entrenamiento:

• El énfasis debe ponerse en el hecho de que los jugadores mantengan la cabeza alta mientras botan y de que sepan siempre dónde se hallan los otros jugadores.

Objetivo: Desarrollar la habilidad de los jugadores para controlar el balón mientras lo botan en una situación de presión defensiva.

Descripción: Este ejercicio debe realizarse a máxima velocidad. Comienza desde la línea del centro del campo con un jugador actuando como atacante y el otro como defensor. Cuando el entrenador haga sonar el silbato, el jugador atacante empieza a botar el balón con el objetivo de controlarlo y mantenerlo botando el mayor tiempo posible. El defensor hará todo lo que pueda para robar el balón o para forzar a su oponente a que pierda su control o a que le resulte imposible seguir botándolo. Los jugadores intercambiarán sus roles cuando el que tiene el balón lo pierde o deja de botarlo. El entrenador puede aumentar la dificultad del ejercicio añadiendo un segundo defensor para crear una situación de dos contra uno. El nivel de dificultad del ejercicio también puede aumentarse limitando la zona en la que puede moverse el jugador atacante (por ejemplo, la mitad de medio campo).

Clave del entrenamiento:

• El entrenador debe subrayar la necesidad de que se utilicen las dos manos, de que se realicen cambios de mano y/o reversos, maniobras que se deberán realizar siempre manteniendo la cabeza alta.

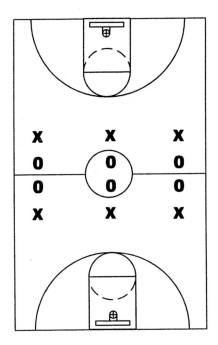

Ejercicio 14: Lucha por el balón

Objetivo: Practicar la acción de dribling en una situación competitiva; aumentar el nivel de condición física.

Descripción: El ejercicio comienza con cinco jugadores situados en la línea de fondo y cuatro balones colocados a la altura de la línea de tiros libres. A una señal del entrenador, los jugadores deberán luchar por obtener la posesión de un balón. Los cuatro jugadores que lo consigan deberán moverse botándolo en esa parte de la pista, mientras que el quinto jugador intentará robar uno de esos balones. Cuando termine el período de tiempo establecido para esta parte del ejercicio (de 30 segundos a un minuto), el jugador que no tenga balón quedará eliminado y tendrá que efectuar algunos esprints a lo largo de la línea. El ejercicio continuará con cuatro jugadores y tres balones, y así sucesivamente hasta que queden dos jugadores y un balón.

Claves del entrenamiento:

- El entrenador puede variar la duración del período de tiempo en función del nivel de preparación física que desee trabajar.
- Reducir los límites de la zona en la que puedan moverse y botar los cuatro jugadores que tengan el balón aumenta la intensidad a la hora de tener que protegerlo cuando se bota.

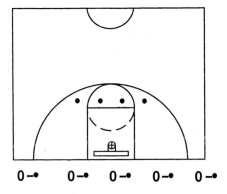

EJERCICIO 15: AVANZAR BOTANDO EN ZIGZAG

Objetivo: Mejorar el dribling de protección cuando se hallan bajo una intensa presión individual.

Descripción: El ejercicio comienza con dos jugadores, cada uno con un balón, situados en una de las líneas de fondo. Los otros dos jugadores deben realizar una defensa individual agresiva. Los jugadores atacantes empiezan a botar avanzando en diagonal hacia un lado. Después de dos botes, los defensores les acosarán con agresividad intentando robarles el balón, cerrando la dirección de su avance y controlándoles con el cuerpo. Los jugadores atacantes sólo pueden moverse en la mitad de la anchura de la pista. Cuando los jugadores que tienen el balón consigan superar al defensor o llegar al otro lado del campo, deberán intentar penetrar en el interior de la zona para realizar un lanzamiento a canasta desde corta distancia. Seguidamente, los jugadores intercambiarán sus roles y el ejercicio se reanudará en la otra dirección. Con jugadores de poco nivel técnico, el entrenador puede optar por reducir la intensidad de la defensa e indicar en el suelo de la pista los lugares en los que los jugadores deben cambiar la dirección de su avance.

Clave del entrenamiento:

• Debe recalcarse la importancia de proteger el balón y avanzar botando utilizando cambios de mano y reversos, completos o medios.

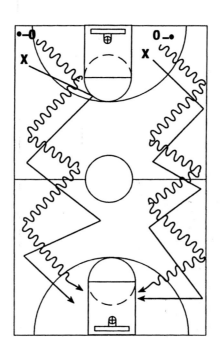

EJERCICIO 16: FINTA LATERAL Y SALIDA CRUZADA PARA PENETRAR HACIA CANASTA

Objetivo: Desarrollar el trabajo de pies y la salida en dribling cruzada para superar al defensor.

Descripción: Se dividirá el equipo en dos filas de jugadores, en una estarán los que actúen de atacantes y en la otra los defensores. Los jugadores rotarán de una fila a otra. El jugador atacante iniciará el ejercicio fintando una salida en dribling por la derecha dando un paso lateral siguiendo este movimiento con el balón. El defensor deberá intentar cerrar ese movimiento para forzar al jugador atacante a que efectúe una finta lateral. El atacante deberá pivotar sobre su pierna izquierda y cambiará el balón a la mano izquierda, pero siempre manteniendo su cuerpo entre el defensor y el balón. Después de pivotar, el atacante realizará un paso cruzado amplio y penetrará hacia la canasta. El mismo ejercicio se puede llevar a cabo desde el lado opuesto de la pista de manera que la acción del trabajo de pies y de botar el balón se efectúen de modo inverso. Así mismo, el ejercicio puede iniciarse desde el centro, es decir desde la parte superior del semicírculo de tiros libres, o desde uno cualquiera de los flancos.

Clave del entrenamiento:

• Debe recalcarse la importancia de efectuar las fintas laterales y la penetración hacia canasta.

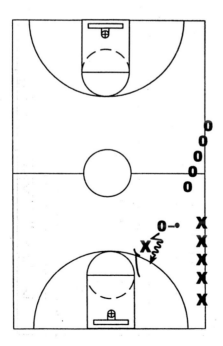

CAPÍTULO III

EJERCICIOS DE BLOQUEO

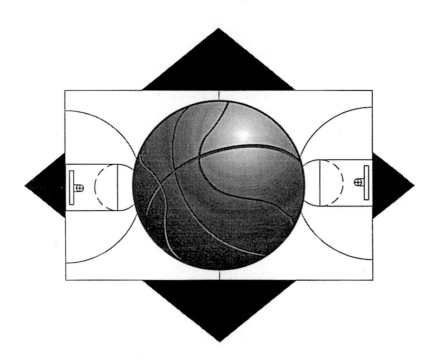

EJERCICIO 17: FINTAR, BLOQUEAR Y REEMPLAZAR

Objetivo: Practicar la finta para salir de un bloqueo; desarrollar los movimientos ofensivos.

Descripción: En este ejercicio participan tres jugadores cada vez, un base y dos aleros. El ejercicio comienza con 3 realizando una finta de recepción mediante un paso lateral a un defensor imaginario para luego volver hacia atrás y dirigirse hacia 1. Éste pasará el balón a 3; inmediatamente después correrá a bloquear 2 y, por último volverá hacia atrás para situarse de nuevo en la misma posición que ocupaba inicialmente. 2 deberá fintar simulando que quiere dirigirse hacia la parte superior del semicírculo de tiros libres para enseguida cortar hacia canasta. 3 podrá intentar un lanzamiento a canasta o bien pasarle el balón a 2 para que éste entre a canasta.

Clave del entrenamiento:

• Los jugadores atacantes deben aprender a fintar adecuadamente para aprovechar un bloqueo.

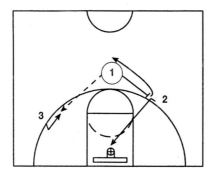

Objetivo: Desarrollar el trabajo de pies, pase y bloqueo en una combinación de pase y bloqueo indirecto en el lado débil.

Descripción: El entrenador debe dividir al equipo en grupos de tres jugadores. El ejercicio comienza con un grupo situado en las posiciones que se indican en el diagrama. 1 envía el balón hacia un lado, a 2, que tiene que haber realizado una finta de recepción sin balón con la intención de quedar libre para recibir el pase. Después de efectuar el pase, 1 se desplazará hacia el lado débil para realizar un bloqueo indirecto a 3, que deberá cortar con rapidez hacia el interior de la zona para intentar recibir un pase de 2. Por su parte, 1 realizará la continuación del bloqueo con rapidez para intentar recibir un pase que le permita lanzar a canasta. 2 le pasará el balón al jugador que esté en mejor disposición para recibirlo. A medida que la ejecución de los jugadores vaya mejorando, el entrenador puede decidir incorporar a uno o más defensores para aumentar la dificultad del ejercicio.

Claves del entrenamiento:

• Debe recalcarse la importancia de utilizar un correcto y adecuado trabajo de pies cuando se trabaja sin balón y cuando se sale de un bloqueo.
• El entrenador debe subrayar el hecho de que los jugadores mantengan entre sí una adecuada separación.

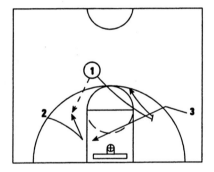

EJERCICIO 19: EJERCICIO DE BLOQUEO INDIRECTO Y CONTINUACIÓN

Objetivo: Desarrollar el trabajo de pies en un bloqueo indirecto en el lado débil y su correcta continuación hacia el balón.

Descripción: El equipo debe ser dividido en grupos de tres jugadores. El primer grupo se situará tal como se indica en el diagrama. 1 enviará el balón hacia el flanco pasándoselo a 2. A continuación 1 corre a realizar un bloqueo a 3, quien corta para intentar recibir un pase. Inmediatamente, 1 debe realizar un reverso y dirigirse hacia la canasta. 2 deberá enviar el pase al jugador que se halle en mejor disposición de recibir el balón. El entrenador también puede decidir cuál de los dos jugadores que intervienen en el bloqueo debe recibir el pase. El nivel de dificultad del ejercicio se puede elevar haciendo que en él intervengan uno o más defensores,

Clave del entrenamiento:

• Debe subrayarse la importancia de utilizar un correcto trabajo de pies a la hora de ejecutar el bloqueo y el reverso de la continuación.

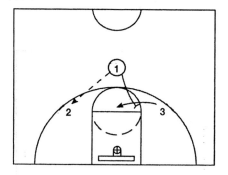

Objetivo: Desarrollar el trabajo de pies en un bloqueo entre los pívots; practicar la acción de ganar la posición al defensor en el momento de recibir el alero de nuestro lado.

Descripción: En este ejercicio intervienen siete jugadores. En los postes altos o bajos deben situarse dos jugadores atacantes y dos defensores. Los otros tres jugadores se colocarán en el exterior, uno en cada ala y el otro en el centro. El ejercicio comienza con un pase del jugador que está en el centro a uno de los dos aleros. El pívot del lado de balón intenta ganar la posición al defensor con el cuerpo para intentar conseguir línea de pase dentro de la zona. El alero no realizará ese pase. Después de permanecer dos segundos, el pívot se desplaza para bloquear al defensor del otro pívot, el del lado débil. Éste deberá intentar liberarse de su defensor aprovechando el bloqueo y penetrar en la zona para recibir un pase. El ejercicio también puede realizarse haciendo circular el balón a gran velocidad por el exterior hasta que pueda efectuarse un pase a uno de los postes que haya conseguido liberarse de su defensor aprovechando el bloqueo de su compañero.

Clave del entrenamiento:
• El entrenador debe prestar especial atención al trabajo de pies y de bloqueo de ambos pívots, así como al tiempo que permanecen en el interior de la zona.

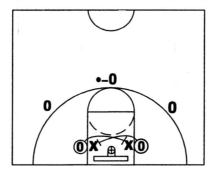

Ejercicio 21: Salir de un bloqueo liberándose del defensor

Objetivo: Practicar el bloqueo directo; mejorar la habilidad para salir de un bloqueo bien realizado.

Descripción: Este ejercicio comienza con dos jugadores situados tal como se muestra en el diagrama A. 1 efectúa un pase a 2 y luego se desplaza para realizar un bloqueo directo al defensor de 2. Éste finta hacia su derecha, como si tuviera delante un defensor imaginario, y luego pivota y efectúa una finta lateral. Botando con la mano izquierda, 2 debe salir del bloqueo efectuado por 1 liberándose de su defensor. En el diagrama B se muestra una variante en la que también interviene un pívot situado en el poste alto. Después de recibir el pase de 1, 2 le envía el balón a 3. Tras este segundo pase, 1 realiza el bloqueo al defensor de 2, quien lo aprovecha para liberarse de su defensor mientras 1 se desplaza hacia el poste bajo.

Claves del entrenamiento:

- El entrenador debe subrayar la importancia de realizar buenos bloqueos.
- También debe recalcarse el hecho de que los atacantes deben pasar muy cerca del jugador que bloquea para poder liberarse de sus defensores.

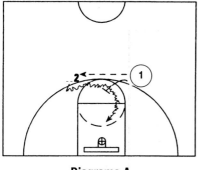

Diagrama A

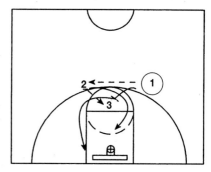

Diagrama B

EJERCICIOS DE PASE

EJERCICIO 22: EJERCICIO DE PASES POR PAREJAS

Objetivo: Desarrollar la acciones de pase y recepción del balón en movimiento.

Descripción: En este ejercicio los jugadores deben agruparse en parejas. Cada pareja tiene un balón. El jugador sin balón ejecuta un movimiento de finta de recepción para quedar libre y recibir el pase con las manos extendidas en la posición adecuada. El pase debe cogerse en el aire y luego realizar una parada estando preparado para convertirse en el pasador. El ejercicio continuará durante el período de tiempo establecido por el entrenador. A medida que aumente el nivel técnico, el entrenador puede decidir que se realicen pases mientras se bota el balón o que el jugador que va a recibir el pase realice antes un movimiento de puerta atrás hacia la canasta.

Claves del entrenamiento:

- El énfasis debe ponerse en la realización de buenos cambios de ritmo en la finta de recepción para quedar libre, en la recepción del balón en el aire y en conseguir una buena posición flexionada para efectuar el siguiente pase.
- El entrenador también debe recalcar el hecho de que se mantenga una correcta posición de las manos y del cuerpo cuando se efectúan o se reciben los pases.

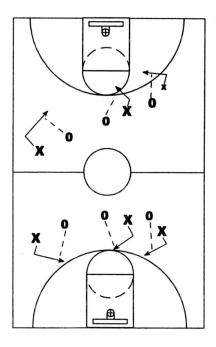

EJERCICIO 23: EJERCICIOS DE PASES SIN COMPETICIÓN

Objetivo: Desarrollar la recepción, pase y manejo del balón utilizando diferentes tipos de pases.

Descripción: Los jugadores deben formar dos filas horizontales situadas una frente a la otra de manera que cada jugador se halle aproximadamente a un metro y medio del que tiene delante. El primer jugador de una de las dos filas le pasa el balón al jugador que tiene enfrente. Éste hará botar el balón una vez y luego se lo pasará al segundo jugador de la otra fila. El ejercicio continúa durante treinta segundos con los jugadores alternando la mano con la que botan. A continuación, los jugadores deben formar un círculo y practicar los pases por detrás de la espalda haciendo girar el balón alrededor del círculo. Después de un giro, deberán cambiar la dirección en la que se mueve el balón y utilizar la otra mano. Los pases alternando las manos o efectuados alrededor del cuerpo se practican de un modo similar. Por último, se introducirá un segundo balón: los jugadores deberán mover los dos balones alrededor del círculo lo más rápido que les sea posible.

Clave del entrenamiento:

• El énfasis debe ponerse en la precisión y en la corrección de los pases y en el hecho de extender las manos hacia el balón cuando se va a recibir un pase.

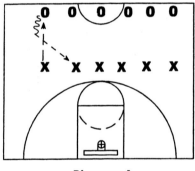

Diagrama A

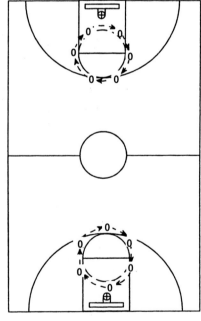

Diagrama B

EJERCICIO 24: TRENZAS DE TRES JUGADORES

Objetivo: Practicar el pase en un contraataque de trenzas.

Descripción: El equipo debe dividirse en tantos grupos de tres jugadores como permita el número total de la plantilla. El primer grupo se colocará en una de las líneas de fondo tal como se muestra en el diagrama. A una señal del entrenador, 1 pondrá el balón en juego enviándoselo a 2 y luego cortará por detrás de él, mientras éste corre hacia el otro lado de la pista. Luego, 2 le pasará el balón a 3 y cortará por detrás de él. Los jugadores avanzarán a lo largo de la pista poniendo en práctica una trenza de tres. El balón nunca debe botar en el suelo. Al llegar a la otra canasta, 2 entrará en bandeja después de recibir un pase de 1. 3 cogerá el rebote.

Clave del entrenamiento:

• El jugador que realiza un pase siempre debe cortar por detrás del jugador al que le ha enviado el balón.

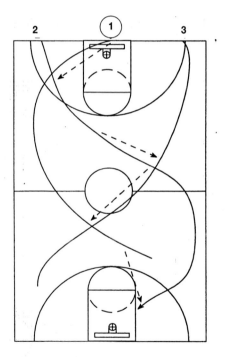

EJERCICIO 25: PASE DE BÉISBOL EN EL CONTRAATAQUE

Objetivo: Desarrollar la habilidad para lanzar un preciso pase de béisbol en un rápido contraataque en línea recta.

Descripción: Tres jugadores llevan a cabo un rápido contraataque en línea recta. Los tres jugadores, que deben mantener siempre sus respectivas líneas de avance, tienen que pasarse el balón entre sí. Éste no puede botar nunca en el suelo. 1 efectuará la entrada a canasta y 3 recogerá el rebote, mientras que 2 se dispondrá a efectuar otro rápido contraataque. Enseguida, 3 pondrá el balón en juego desde la línea de fondo pasándoselo a 1, quien le lanzará un pase de béisbol a 2, que ya debe estar corriendo.

Clave del entrenamiento:

• Debe incidirse en la realización de un rápido contraataque de tres jugadores, así como en la adecuada ejecución del pase de béisbol.

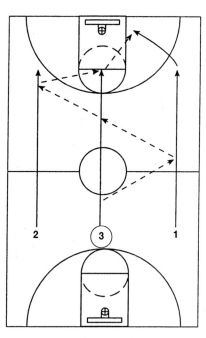

Diagrama A

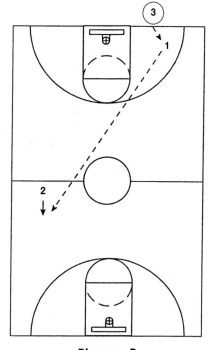

Diagrama B

Objetivo: Desarrollar la recepción y pase en una situación de triangulación.

Descripción: Dos grupos de tres jugadores deben situarse en ambos lados de medio campo. Cada grupo estará formado por un alero (3), un base (1) y un pívot (5) colocado en el poste bajo. El ejercicio comienza con el balón en poder de 3. Éste se lo pasará al 1, quien se lo devolverá cuando el 3 se desplace hacia la línea de fondo (Diagrama A). A continuación, el 3 le enviará el balón al 5, que también se lo devolverá cuando el 3 penetre hacia canasta (Diagrama B). Cuando el 3 le pase el balón al poste, puede pivotar en la dirección opuesta y cortar hacia el interior de la zona, para así recibir un pase y un bloqueo del 5. La dificultad del ejercicio puede aumentarse con la inclusión de tres defensores.

Clave del entrenamiento:

• El entrenador debe recalcarle a 3 la importancia de pivotar y cortar hacia canasta correctamente, así como la necesidad de que todos los pases se realicen con mucha precisión.

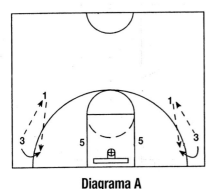

Diagrama A   Diagrama B

EJERCICIO 27: DEFENSOR EN EL CENTRO

Objetivo: Desarrollar los pases picados con precisión; practicar la defensa ante un pase picado.

Descripción: Los jugadores deben formar un círculo de unos dos metros. Uno de ellos, se situará en el centro del círculo y actuará como defensor. El jugador que tiene el balón debe efectuar un pase picado a cualquier otro jugador excepto a los dos que tiene a su lado. El defensor tiene que intentar cortar el pase. Cuando el defensor consiga interceptar o desviar un pase, cambiará su posición con el jugador que haya errado el pase.

Claves del entrenamiento:

- El ejercicio debe realizarse a máxima velocidad, de modo que se enfatice la resistencia física, el trabajo de pies y los cambios de dirección del jugador que actúa como defensor.
- Los jugadores atacantes deben practicar el pase a un compañero a quien el defensor no esté vigilando directamente.

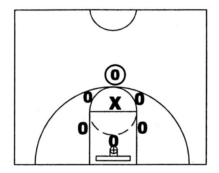

Objetivo: Desarrollar el pase y manejo del balón en los jugadores interiores.

Descripción: El entrenador debe hacer que todos los pívots, los ala-pívots y los aleros del equipo intervengan en rotación en sus respectivas posiciones durante el ejercicio. El alero (3) le pasa el balón al ala pívot (4), situado en la esquina, mientras el pívot (5) se desplaza hacia fuera, hacia la zona del poste alto. A continuación, el 3 corta hacia el interior de la zona para intentar recibir un pase. Si no logra recibirlo, 3 regresará hacia el ala, siempre alerta por si puede recibir un pase. Cuando el 3 consiga llegar libre de marcaje a la altura de la línea de tres puntos, el 4 le enviará un pase picado para que intente un lanzamiento a canasta de tres puntos. El entrenador puede optar por llevar a cabo este ejercicio sin defensores, con una defensa simbólica o con una agresiva presión defensiva.

Clave del entrenamiento:

• El énfasis debe ponerse en el hecho de que hay que intentar enviarle el balón al 3 cuando se halle libre de marcaje, tanto cuando está penetrando por el interior de la zona como cuando se desplaza para abrirse de nuevo hacia el ala.

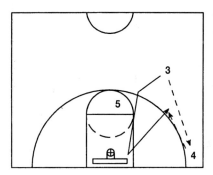

EJERCICIO 29: EJERCICIO DE PASES CON UN PÍVOT SITUADO EN EL POSTE

Objetivo: Desarrollar el pase de los pívots y mejorar la velocidad gestual y la visión periférica.

Descripción: Dividir al equipo en dos grupos, en cada uno de los cuales habrá la mitad de pívots y de ala-pívots. Cada grupo se colocará alrededor del círculo de tiros libres (diagramas A y B), con un pívot o ala-pívot en el centro. En el diagrama A, el pívot comienza el ejercicio efectuando un pase hacia la derecha. Los pases deben realizarse con mucha rapidez de la manera que se muestra en ese diagrama. En el diagrama B, el pívot tendrá que vérselas con dos balones simultáneamente. Puede pasárselos al jugador que quiera, pero tiene que ser capaz de coger el segundo balón, efectuar un segundo pase y estar preparado para coger el nuevo pase que le llegue.

Clave del entrenamiento:

• El entrenador puede optar por aumentar la velocidad de los ejercicios a medida que mejore el nivel técnico de los jugadores.

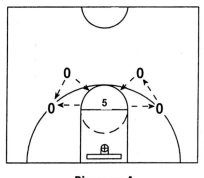

Diagrama A

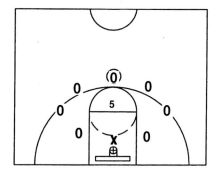

Diagrama B

EJERCICIO 30: EJERCICIO DE PASE, TIRO EN SUSPENSIÓN Y REBOTE

Objetivo: Desarrollar la habilidad para el pase, el rebote y el tiro en suspensión desde la línea de fondo.

Descripción: El equipo debe ser dividido en grupos de tres jugadores. Dos grupos pueden llevar a cabo el ejercicio simultáneamente, cada uno en un lado de la pista. Los jugadores deben situarse en las posiciones que se muestran en el diagrama. El base (1) da comienzo a la jugada realizando un buen pase al pívot (5) que se halla en el poste alto. Mientras se realiza este pase, el alero (3) debe moverse hacia la línea de fondo para recibir un pase del 5. El 3 realizará un lanzamiento a canasta y el 5 correrá a por el rebote y tendrá que encestar él mismo cualquier lanzamiento fallido. Luego, le enviará un pase de salida al 1. A continuación, los jugadores intercambiarán sus posiciones y volverán a repetir el ejercicio. El entrenador puede aumentar la dificultad del ejercicio incluyendo a uno, dos o tres defensores.

Clave del entrenamiento:

• El entrenador debe poner el énfasis en que se efectúen los correctos fundamentos del pase, del rebote y del tiro a canasta.

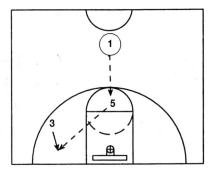

CAPÍTULO V

EJERCICIOS DE TIRO

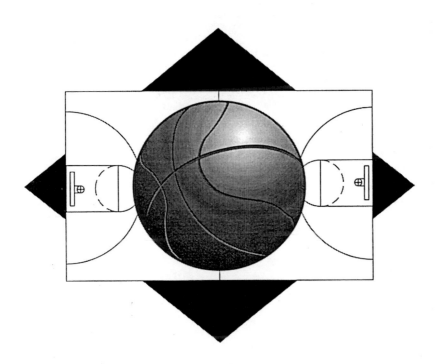

EJERCICIO 31: RUEDA DE TIRO PARA EL CALENTAMIENTO

Objetivo: Practicar el tiro desde distintos ángulos y posiciones de la cancha; calentar los músculos, los ligamentos, los tendones y las articulaciones que intervienen en el lanzamiento a canasta.

Descripción: En este ejercicio participan un entrenador (o compañero) y un jugador. El entrenador da comienzo al ejercicio pasándole el balón al jugador, que se halla a un lado de la canasta, cerca de la zona. El jugador efectúa un tiro mientras que el entrenador coge el rebote tanto si ha conseguido encestar como si no lo ha hecho. Después de cada rebote, el entrenador le vuelve a pasar el balón al jugador, que deberá seguir lanzando desde la misma posición hasta que haya conseguido anotar diez tiros. Cuando lo haya logrado, el jugador cruzará la zona para colocarse en el lugar opuesto al que se encontraba antes y, desde ahí, repetirá el mismo proceso. Cuando haya conseguido anotar diez tiros desde esa nueva posición, el jugador volverá a cruzar la zona, pero esta vez se colocará aproximadamente un metro más lejos de la canasta. El proceso se repetirá hasta que el jugador haya lanzado a canasta desde cuatro posiciones distintas de cada lado de la zona.

Claves del entrenamiento:
• Debe prestarse especial atención a la ejecución del tiro.
• El entrenador puede añadir dificultad al ejercicio colocando una mano frente a la cara del jugador en cada tiro.

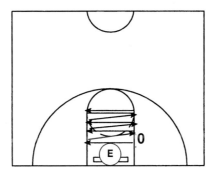

EJERCICIO 32: TIRO A CANASTA Y CONDICIÓN FÍSICA

Objetivo: Practicar el tiro a canasta; desarrollar la resistencia.

Descripción: Inicialmente, en el ejercicio intervienen un jugador y un entrenador. El ejercicio comienza cuando el entrenador le pasa el balón al tirador, que debe estar situado junto al semicírculo superior de tiros libres. Éste efectúa un tiro en suspensión y luego corre con rapidez hasta tocar la línea de banda que tenga más lejos. El entrenador cogerá el rebote del tiro. Después de tocar la línea de banda, correrá hasta el semicírculo superior de tiros libres, colocándose en una posición opuesta a la que ocupaba al efectuar su primer lanzamiento. Allí recibirá otro pase del entrenador y efectuará un rápido tiro en suspensión. El ejercicio continuará de este modo hasta que el jugador haya efectuado un determinado número de tiros en suspensión (por ejemplo, 10). El diagrama B ilustra una variante en la que intervienen dos jugadores (1 y 2), dos entrenadores y dos balones. En este caso, 1 y 2 deberán correr hasta tocar la línea de medio campo y efectuar sus tiros en suspensión desde una posición cercana al semicírculo superior de tiros libres o bien desde otra algo más abierta hacia el ala.

Claves del entrenamiento:

• Si en el ejercicio participan dos jugadores, puede fomentarse la competitividad estableciendo como ganador del ejercicio al jugador que primero consiga anotar diez tiros desde su posición.

• A pesar del cansancio que puede provocar el ejercicio, debe animarse a los jugadores a que lleven a cabo una correcta ejecución del tiro.

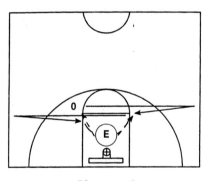

Diagrama A

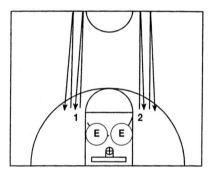

Diagrama B

Ejercicio 33: Tiros en 55 segundos

Objetivo: Practicar el tiro bajo presión de tiempo; desarrollar la resistencia física.

Descripción: En este ejercicio participan tres jugadores: –un reboteador (1), un pasador (2) y un tirador (3). Como mínimo hay que utilizar dos balones. 2 le pasa el balón a 3. Éste lanza a canasta y corre con rapidez hasta tocar un cono que debe haber sido colocado a una distancia aproximada de tres metros para luego volver a su posición inicial para efectuar otro tiro a canasta. 1 cogerá el rebote de cada tiro y le pasará el balón a 2, quien a su vez se la pasará con rapidez a 3. Éste deberá lanzar a canasta con rapidez intentando efectuar al menos 25 tiros en los 55 segundos asignados para el ejercicio. La posición del cono y del tirador pueden variarse durante el ejercicio para que el jugador que lanza a canasta pueda practicar tiros desde distintos ángulos y posiciones de la pista. Después de un predeterminado número de repeticiones del ejercicio, los jugadores intercambiarán sus roles.

Claves del entrenamiento:

- Debe remarcarse que el tiro tiene que efectuarse con mucha rapidez.
- El reboteador y el pasador deben llevar a cabo sus funciones con precisión y con entusiasmo.

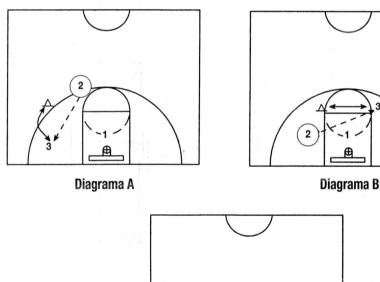

Diagrama A

Diagrama B

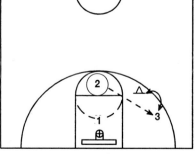

Diagrama C

Ejercicio 34: Tiros en suspensión desde distintos lugares

Objetivo: Mejorar la precisión en los tiros en suspensión; desarrollar la resistencia.

Descripción: Un entrenador o asistente realizará la función de cronometrador/contador. En este ejercicio, los jugadores realizan 25 tiros en suspensión, cinco desde cada una de las áreas marcadas en el suelo de la pista. A una señal del cronometrador, el jugador realizará su primer lanzamiento desde la primera área. Luego correrá para recoger el rebote y volverá botando a la misma área para efectuar el segundo tiro. Después de realizar cinco tiros, el jugador se desplazará a la segunda área, y así sucesivamente. El cronometrador/contador debe controlar el número de tiros realizado en cada área y anotar el tiempo total que ha empleado el jugador en realizar los 25 lanzamientos.

Clave del entrenamiento:

• El entrenador debe anotar en una pizarra o cartel los resultados de cada jugador de manera que todos puedan observar sus progresos, tanto en lo que se refiere a la precisión en el tiro como a la rapidez.

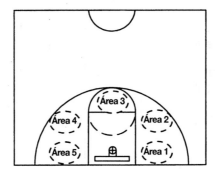

Objetivo: Mejorar la habilidad en los tiros en suspensión, poniendo énfasis en la rapidez del lanzamiento tras recibir el pase.

Descripción: En este ejercicio participan dos jugadores: –un tirador (O) y un reboteador/pasador (X). Tal como se muestra en el diagrama, deben designarse ocho lugares formando un arco alrededor de la canasta. Un entrenador debe actuar como cronometrador. El jugador O debe situarse junto al lugar designado que se halla más cerca de la línea de fondo, mientras que X se colocará debajo de la canasta. X da comienzo al ejercicio pasándole el balón al tirador, quien efectuará su primer tiro en suspensión. Inmediatamente, O se desplaza al siguiente lugar marcado alrededor del exterior, recibe un pase, lanza a canasta y se vuelve a desplazar al siguiente lugar designado. El entrenador/cronometrador es el que decide cuándo O debe empezar y terminar el ejercicio. Éste también puede adaptarse de modo que los tiros en suspensión o los tiros estáticos se realicen más allá de la línea de tres puntos. Para aumentar el nivel de dificultad del ejercicio, puede incluirse la participación de un defensor, que deberá mantener una mano delante de la cara del tirador.

Claves del entrenamiento:
* El entrenador debe determinar el tiempo en que debe completarse el ejercicio de acuerdo con el nivel de los jugadores a los que está entrenando.
* El entrenador puede conceder dos puntos por cada tiro anotado e ir apuntando los resultados para estimular la competitividad.
* El entrenador debe fomentar la compenetración entre los dos jugadores que participan en el ejercicio poniendo tanto énfasis en la precisión y rapidez del pase como en el consiguiente lanzamiento a canasta.

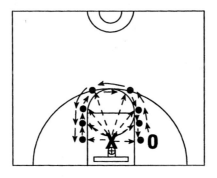

EJERCICIO 36: TIRO EN SUSPENSIÓN CON BLOQUEO

Objetivo: Enseñar a los jugadores las técnicas correctas para efectuar un pase interior al poste, un bloqueo al defensor de un tercer jugador y un lanzamiento a canasta como resultado de esta maniobra.

Descripción: En este ejercicio participan dos pívots (5), que se colocarán cada uno en uno de los postes bajos, por fuera de la zona, y dos jugadores exteriores (3 y 1) que trabajarán con cada uno de los pívots. Los dos jugadores de perímetro deben estar separados entre sí, así como del jugador que está en el poste, una distancia de al menos tres metros. El 3 le pasará el balón al 5 y luego se desplazará para bloquear al defensor imaginario del 1. Éste saldrá del bloqueo para recibir un pase del 5 y lanzar en suspensión. Los jugadores exteriores deberán intercambiar sus posiciones para que ambos tengan la oportunidad de practicar el lanzamiento a canasta y la ejecución del bloqueo.

Claves del entrenamiento:

- El entrenador puede variar el ejercicio añadiendo un defensor en cada posición y variando la intensidad de la defensa.
- El énfasis debe ponerse en la realización de un buen bloqueo y en el hecho de mantener una correcta posición mientras se bloquea.

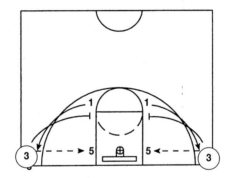

EJERCICIO 37: COMBINACIÓN DE TRIPLE POSTE

Objetivo: Enseñar a los jugadores la combinación del triple poste; practicar los tiros a canasta más adecuados en un ataque en triángulo.

Descripción: El equipo debe ser dividido en grupos de tres jugadores. El primer grupo se colocará tal como se muestra en el diagrama A. El jugador que tiene el balón se lo pasará al jugador que se halla en el lado opuesto de la línea de tiros libres y luego correrá hacia abajo para realizar un bloqueo para el jugador situado en el poste bajo. Después de bloquear, realizará la continuación cruzando la zona para recibir un pase si se halla en buenas condiciones para ello. En caso de que no pueda recibir el pase, se quedará en el poste bajo de ese lado fuera de la zona. El ejercicio se repetirá realizando de nuevo esta combinación (diagrama B); los jugadores deberán lanzar a canasta cuando tengan la ocasión.

Claves del entrenamiento:

- El entrenador debe poner el énfasis en la realización de un buen bloqueo, así como en la importancia de despejar la zona.
- También debe recalcar la importancia de aprovechar las oportunidades de anotar que se suelen presentar con más frecuencia: el tiro en suspensión desde un lado de la zona después de recibir un pase y la penetración hacia el aro cuando la zona está despejada.

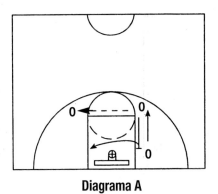

Diagrama A

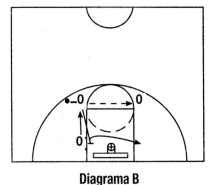

Diagrama B

Objetivo: Aumentar el nivel de condición física; practicar el tiro a canasta, el pase, la recepción y el rebote ofensivo en una situación competitiva.

Descripción: El ejercicio comienza con 1 situado debajo de la canasta en posición de rebote y con un balón. 2 intenta desmarcarse, pide el balón gritando el nombre de 1, recibe el pase y efectúa un lanzamiento a canasta. El propio 2 corre hacia el aro para coger el rebote de su tiro. Si el lanzamiento no entra, 2 deberá coger el rebote y seguir tirando a canasta hasta que consiga encestar. Inmediatamente después de efectuar el pase, 1 deberá desplazarse a una posición exterior. En cuanto 2 anote la canasta y tenga la posesión del balón, 1 realizará una finta de desmarque y el ejercicio volverá a repetirse. En lugar de que los jugadores intercambien sus roles después de cada canasta, el entrenador puede decidir que los jugadores se mantengan en las mismas posiciones hasta que el tirador haya efectuado un determinado número de lanzamientos a canasta. Para darle mayor realismo al ejercicio, el entrenador puede incluir algún tipo de presión defensiva.

Claves del entrenamiento:

• El entrenador debe subrayar la necesidad de que los dos jugadores se comuniquen entre sí.
• El énfasis debe ponerse en la rápida ejecución del ejercicio y en la realización de movimientos enérgicos; de todos modos, los jugadores no deben sacrificar la precisión en favor de la celeridad.

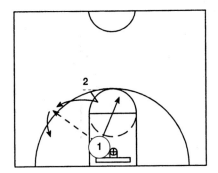

EJERCICIO 39: EJERCICIO DE TIRO A CANASTA CON TRES PASES

Objetivo: Aumentar el nivel de condición física; practicar el tiro a canasta, el pase, la recepción y el rebote ofensivo en una situación competitiva.

Descripción: El ejercicio comienza con 1 situado debajo de la canasta, en posición de rebote y con el balón en las manos. 1 le envía un pase de apertura a 2 y luego se mueve hasta la posición del poste bajo. 2 deberá avanzar botando el balón hacia el mismo lado de la pista y pasárselo a 1 en el poste. Entonces, 2 se escapará con rapidez para quedar libre y poder recibir un nuevo pase de 1 que le permita lanzar a canasta. Inmediatamente después del tiro, correrá hacia el tablero para coger el rebote y seguir lanzando a canasta hasta que consiga anotar. Después de efectuar el último pase, 1 deberá buscar una buena posición exterior y prepararse para recibir el pase de apertura cuando 2 asegure la posesión del balón después de haber encestado. Para añadir mayor realismo al ejercicio, el entrenador puede optar por utilizar algún tipo de presión defensiva sobre el tirador.

Clave del entrenamiento:

• El énfasis debe ponerse en la rápida ejecución de la jugada y en la realización de movimientos enérgicos; de todos modos, los jugadores no deben sacrificar la precisión en favor de la celeridad.

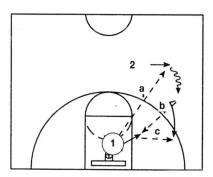

Ejercicio 40: Concurso de tiros en suspensión por equipos

Objetivo: Practicar el tiro en suspensión desde la línea de tiros libres y desde las esquinas; mejorar el nivel de condición física.

Descripción: El equipo debe ser dividido en grupos de tres jugadores. Un grupo debe colocarse en las posiciones que se indican en el diagrama. Cada jugador tiene un balón y deberá lanzar a canasta hasta que el trío haya realizado un número preestablecido de tiros en suspensión (por ejemplo, 15). Este ejercicio lo pueden realizar varios tríos a la vez, lógicamente siempre en función de las canastas y pelotas de que se disponga. En lugar de establecer un determinado número de lanzamientos, el entrenador también puede decidir prolongar el ejercicio durante un período de tiempo concreto.

Clave del entrenamiento:

• El énfasis debe ponerse en la velocidad con la que cada jugador coge el rebote de su propio tiro y luego vuelve a su lugar de lanzamiento.

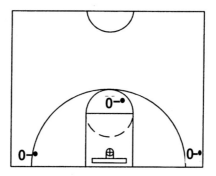

EJERCICIO 41: EJERCICIO DE TIRO DE GANCHO

Objetivo: Practicar el gancho con ambas manos; incrementar el nivel de condición física.

Descripción: Este ejercicio comienza con un jugador situado en el interior de la zona, a la derecha de la canasta. El jugador efectúa un gancho con la mano derecha y debe intentar volver a coger el balón antes de que toque el suelo. A continuación se desplaza al lado izquierdo de la canasta y efectúa un gancho con la mano izquierda, de nuevo intentando coger el balón antes de que toque el suelo. El ejercicio se prolongará hasta que el jugador haya efectuado un número concreto de ganchos o bien durante un determinado período de tiempo.

Claves del entrenamiento:

- El entrenador debe subrayar el correcto trabajo de pies: saltar impulsándose con el pie izquierdo cuando se efectúa un gancho con la mano derecha y con el pie derecho cuando el gancho se realiza con la mano izquierda.
- El jugador debe practicar este ejercicio manteniendo el balón por encima de sus hombros.

EJERCICIO 42: GANCHO EN PENETRACIÓN

Objetivo: Realizar una penetración con fuerza hacia el interior de la zona que permita lanzar un gancho desde cerca.

Descripción: Los jugadores deben agruparse en parejas. 1 le pasa el balón a 2 cuando éste se halle a la altura de la línea de tiros libres. Tras recibir el pase, 2 deberá avanzar botando por la parte derecha de la zona, luego efectuará un cambio de mano pasando a botar con la mano izquierda y avanzará enérgicamente hacia la canasta para realizar un gancho con la mano izquierda. Él mismo recogerá el rebote de su tiro y le devolverá el balón a 1 para continuar el ejercicio. Después de realizar cinco ganchos de este mismo modo, se pasará a efectuar el ejercicio por el lado izquierdo de la zona. 2 penetra botando por el lado izquierdo de la zona, hace un cambio de mano pasando a botar con la mano derecha y avanza enérgicamente hacia el aro para efectuar un gancho con la mano derecha. Luego coge él mismo el rebote y le pasa el balón a 1. Después de que 2 haya efectuado cinco ganchos desde cada lado, los dos jugadores intercambiarán sus roles.

Clave del entrenamiento:
- Debe remarcarse la importancia de utilizar un correcto trabajo de pies en el momento de realizar el cambio de mano, así como entrar con fuerza dentro de la zona.

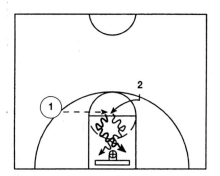

EJERCICIO 43: EJERCICIO DEL HOMBRE FUERTE

Objetivo: Inculcar fuerza física y mental; anotar con agresividad.

Descripción: Los jugadores deben agruparse en parejas. Una de las parejas inicia el ejercicio situándose debajo de la canasta (diagrama A). El extremado contacto físico (por ejemplo, golpear al otro jugador) es un ejemplo del único tipo de acción que no se permite en este ejercicio. El jugador atacante deberá hacer todo lo que pueda para encestar. El ejercicio puede llevarse a cabo también en media pista, es decir realizando un enfrentamiento de tres contra tres en el que la defensa efectuará su presión desde la línea de tiros libres o desde la línea de medio campo (diagrama B).

Clave del entrenamiento:

• El énfasis debe ponerse en el juego agresivo de los atacantes debajo de la canasta.

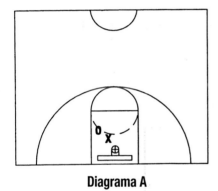

Diagrama A

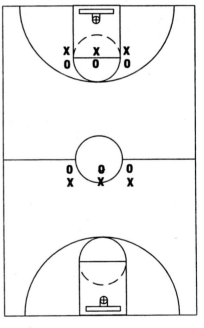

Diagrama B

•••

Objetivo: Practicar el tiro a canasta a partir de distintos movimientos ofensivos; desarrollar la resistencia.

Descripción: Los jugadores deben agruparse en parejas, cada una de las cuales trabajará, por turno, en una canasta. El tirador realizará un total de 25 lanzamientos a canasta mientras se mueve por el exterior. Después de cada tiro, el reboteador le tiene que pasar el balón a su compañero lo más rápido posible. Los primeros diez tiros se deben efectuar sin botar el balón. En cambio, el jugador deberá realizar un bote antes de lanzar a canasta en los cinco tiros siguientes y dos botes en los cinco sucesivos. Los últimos cinco lanzamientos deben efectuarse después de llevar a cabo un cambio de mano o un una salida en dribling cruzado. El entrenador puede optar por variar los movimientos ofensivos y el orden en que éstos deben efectuarse. También puede decidir la duración del ejercicio estableciendo un determinado período de tiempo en lugar de un número concreto de lanzamientos.

Claves del entrenamiento:

• El reboteador debe concentrarse en efectuar pases rápidos y precisos.
• El entrenador debe prestar especial atención a la correcta ejecución del trabajo de pies y de las técnicas necesarias para ejecutar los distintos movimientos ofensivos.

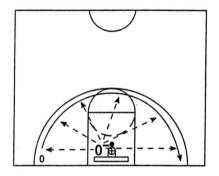

EJERCICIO 45: TIROS A CANASTA DESDE DISTINTOS LUGARES

Objetivo: Practicar el tiro a canasta desde distintas zonas de la pista.

Descripción: El equipo debe dividirse en dos grupos, cada uno de los cuales se situará en uno de los lados de la pista tal como se muestra en el diagrama. Todos los jugadores de un grupo empiezan desde el área 1. El primer jugador de cada grupo tiene un balón. A una señal del entrenador, el jugador efectuará un tiro desde el área 1. Si encesta, deberá coger él mismo el rebote y moverse botando hasta la siguiente área de la pista, y así sucesivamente. En cambio, si falla el tiro deberá coger el rebote y volver a lanzar desde el mismo sitio. Ganará el primer equipo cuyos jugadores completen todo el recorrido de áreas situados en el exterior. El entrenador también puede optar por llevar a cabo el ejercicio durante un determinado período de tiempo. En este caso, cuando un jugador falle un tiro, deberá recoger el balón y pasárselo al siguiente jugador de su equipo. Cuando se acabe el tiempo, el equipo ganador será el que haya conseguido un mayor número de canastas.

Clave del entrenamiento:

- El énfasis debe ponerse en que el ejercicio se realice con rapidez, pero manteniendo una buena posición de tiro y utilizando la ejecución correcta.

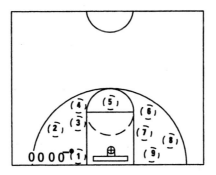

Objetivo: Reaccionar con velocidad para lanzar a canasta.

Descripción: Un jugador se sitúa debajo de la canasta dándole la espalda al entrenador. Éste hace rodar el balón hacia la zona y grita "Balón". Al oír esta palabra, el jugador debe girarse y correr hacia el balón. Cuando lo haya cogido del suelo, el entrenador le dará la siguiente instrucción gritando "Tiro" o "Entrada". El jugador debe llevar a cabo la acción que le indique el entrenador. Éste deberá repetir el ejercicio con el mismo jugador varias veces y luego dar entrada a otro componente del equipo. Se pueden imponer penalizaciones por no llevar a cabo correctamente las órdenes del entrenador.

Clave del entrenamiento:

• El entrenador debe recalcar la importancia de reaccionar con rapidez, pero correctamente, a sus órdenes.

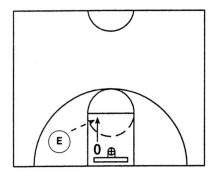

Objetivo: Practicar el tiro cuando hay que hacer frente a un defensor que intenta mantenernos en el exterior.

Descripción: En el ejercicio pueden intervenir dos jugadores o bien un jugador y un entrenador. Unó de los jugadores actuará como atacante (O) y debe situarse en la situación del alero con un balón. El otro jugador (o el entrenador) actúa como defensor. Éste avanzará hacia el balón e intentará mantener en el exterior al atacante (es decir, "encerrarlo"). Los diagramas A—D ilustran cuatro posibles reacciones que el atacante puede utilizar contra esta acción defensiva: efectuar un tiro en suspensión (A); botar una o dos veces el balón y luego intentar un tiro en suspensión (B); intentar una penetración hacia la canasta (C); o llevar a cabo una finta lateral y luego realizar un tiro en suspensión (D). Los jugadores deben practicar las cuatro opciones.

Clave del entrenamiento:

• Independientemente de la acción que se lleve a cabo para contrarrestar la maniobra defensiva, los jugadores atacantes siempre tienen que respetar los fundamentos y la ejecución correcta para el tiro.

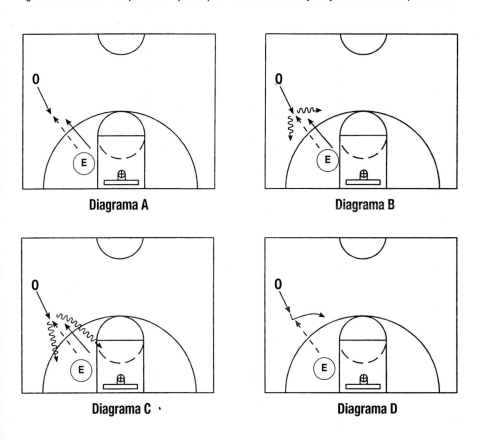

Diagrama A

Diagrama B

Diagrama C ·

Diagrama D

EJERCICIO 48: OPCIONES A PARTIR DE UN BLOQUEO CIEGO

Objetivo: Practicar las opciones de culminación después de un bloqueo ciego interior-exterior.

Descripción: En este ejercicio participan dos jugadores atacantes y dos entrenadores. El ejercicio comienza con un jugador situado en el ala y otro en la zona del poste bajo. Los entrenadores, cada uno de los cuales tiene un balón, están situados más allá de la línea de tres puntos. A una señal del entrenador, el jugador que se halla en el poste bajo se desplaza hacia arriba para realizar un bloqueo ciego para el atacante que se encuentra en el ala. Los diagramas A—C ilustran tres de las principales opciones disponibles para el alero: salir con rapidez del bloqueo, recibir un pase y lanzar a canasta (A); abrirse hacia el exterior, dar un paso hacia el balón, recibir el pase y lanzar a canasta (B); y pasar el bloqueo, recibir un pase y efectuar un lanzamiento (C). Independientemente de la opción que elija el jugador que está en el ala, uno de los entrenadores le pasará el balón para que pueda lanzar a canasta. El otro entrenador deberá reaccionar ante el movimiento que efectúe el poste después de bloquear y pasarle el balón para que también pueda lanzar a canasta tras su continuación.

Claves del entrenamiento:

- Deben ejecutarse correctamente el bloqueo ciego.
- Otros dos jugadores pueden intervenir como pasadores en el ejercicio en lugar de los entrenadores.

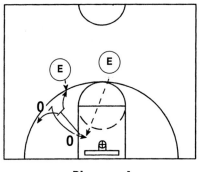

Diagrama A

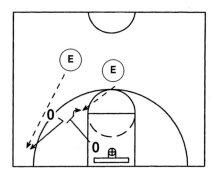

Diagrama B

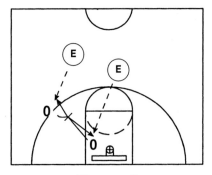

Diagrama C

EJERCICIO 49: EJERCICIO COMBINADO

Objetivo: Practicar el tiro a canasta después de un movimiento en el poste; practicar un rápido movimiento hacia el exterior para recibir un pase y poder efectuar un tiro.

Descripción: En el ejercicio participan un entrenador, que deberá tener dos balones, un tirador (1) y un bloqueador (2). 1 comienza el intentando ganar la posición en el poste. El entrenador le pasará el balón al interior a 1 para que efectúe un lanzamiento a canasta. Una vez realizado el tiro, 1 deberá correr con rapidez hacia la línea de tiros libres, cortando cerca del bloqueo efectuado por 2, para recibir otro pase del entrenador y realizar un tiro en suspensión. Esta secuencia aparece ilustrada en el diagrama A. En cambio, el diagrama B muestra una segunda opción: 2 realiza un bloqueo, 1 sale de ese bloqueo, recibe un pase del entrenador y efectúa un tiro en suspensión. A continuación, 2 realiza un segundo bloqueo; 1 sale del bloqueo abriéndose hacia el ala, recibe un pase del entrenador y efectúa un buen lanzamiento a canasta.

Claves del entrenamiento:

• Debe recalcarse la importancia de utilizar los fundamentos correctos.
• Las acciones deben ejecutarse de forma fluida.

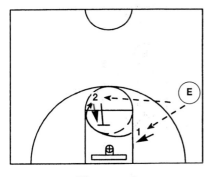

Diagrama A

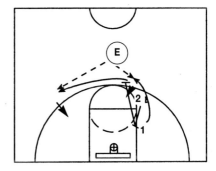

Diagrama B

EJERCICIO 50: MOVIMIENTO DESPUÉS DE BOTAR EL BALÓN

Objetivo: Practicar el tiro después de hacer un movimiento tras haber avanzado botando el balón.

Descripción: En este ejercicio intervienen un entrenador y un jugador. El ejercicio comienza con el jugador situado a la altura de la línea de medio campo, desde donde debe empezar a botar el balón avanzando a gran velocidad hacia el semicírculo superior de tiros libres. El entrenador avanzará hacia arriba para hacer frente al jugador, quien ejecutará un cambio de mano, dará un bote más y efectuará un lanzamiento en suspensión.

Claves del entrenamiento:

- Se puede añadir variedad al ejercicio haciendo que el jugador efectúe otras jugadas en lugar del cambio de mano (por ejemplo, giros, etc.).
- Los jugadores deben ejecutar el tiro correctamente y de forma equilibrada.

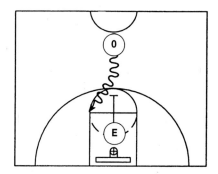

EJERCICIO 51: OPCIONES A PARTIR DE UN BLOQUEO EXTERIOR-INTERIOR

Objetivo: Practicar el tiro a canasta a la salida de un bloqueo exterior-interior; aprender a leer las acciones de la defensa.

Descripción: En este ejercicio participan dos entrenadores (cada uno con un balón) y dos jugadores: un bloqueador situado en el ala (1) y un jugador situado en el poste bajo (2). El ejercicio comienza con 1 haciendo un bloqueo al poste y continuación. 2 debe leer las acciones del bloqueador y reaccionar de acuerdo a ellas. Los diagramas A—D ilustran cuatro opciones que tiene 2 después de que 1 realice el bloqueo. Cada entrenador le pasará el balón al jugador que se halle más cerca de él después de que 1 y 2 hayan realizado sus movimientos.

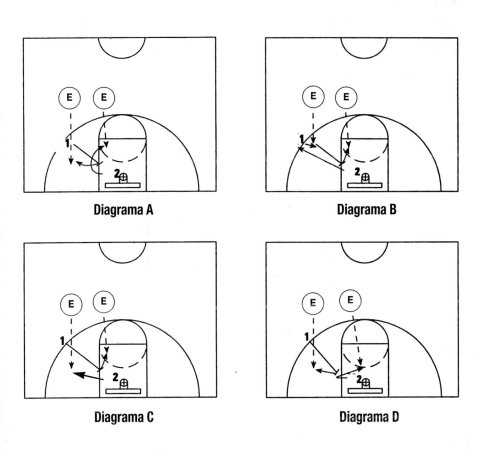

Diagrama A

Diagrama B

Diagrama C

Diagrama D

EJERCICIO 52: UN TIRO EN EL POSTE ALTO Y BAJO DESPUÉS DE BLOQUEO CON DOS BALONES

Objetivo: Practicar jugadas y tiros a canasta después de salir de un bloqueo entre interiores; desarrollar la capacidad para leer las acciones de un compañero de equipo.

Descripción: En este ejercicio participan dos entrenadores, y dos interiores (1 y 2). 1 realiza un bloqueo para 2. Ambos jugadores deben leer las acciones del compañero y los defensores. Si 2 se va hacia arriba, 1 debe ocupar la posición que tenía aquel en la zona. Si 2 utiliza a 1 como bloqueador y se desplaza hacia abajo, 1 debe moverse hacia arriba. Los diagramas A—D ilustran dos versiones de dos opciones distintas. Una vez que 1 y 2 hayan efectuado sus movimientos, los dos entrenadores les pasarán el balón para que puedan lanzar a canasta.

Claves del entrenamiento:

• Los jugadores deben efectuar buenos bloqueos.
• Debe recalcarse la importancia de utilizar la ejecución correcta para un tiro a canasta equilibrado.

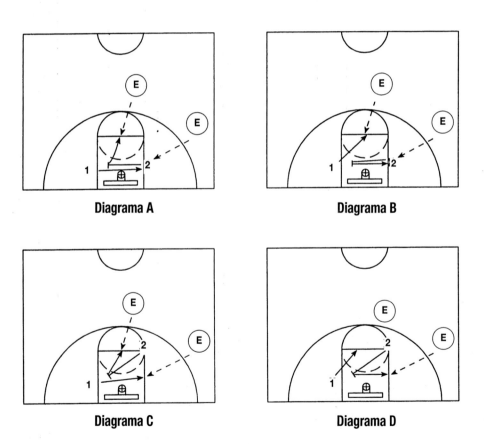

Diagrama A

Diagrama B

Diagrama C

Diagrama D

EJERCICIO 53: REVERSO ANTE EL DEFENSOR Y TIRO AL TABLERO

Objetivo: Practicar el tiro en suspensión apoyándose en el tablero; efectuar un reverso ante el defensor antes de lanzar.

Descripción: Inicialmente, en el ejercicio participan un jugador y un entrenador. El entrenador asume una posición de marcaje estático cerca de la zona del poste bajo. El jugador inicia el ejercicio situado en el ala y avanza hacia el entrenador botando el balón. Debe asumir que el defensor intentará obligarle a ir hacia la línea de fondo para prevenir un lanzamiento a canasta. Cuando el atacante llegue hasta donde se halla el entrenador, deberá realizar un reverso mientras bota el balón para luego dar un paso largo y efectuar un tiro al tablero. El propio jugador recogerá el rebote y se dirigirá al otro lado de la pista para repetir el ejercicio.

Clave del entrenamiento:

• El entrenador puede añadir variedad y dificultad al ejercicio incluyendo en él a un defensor que practique una defensa presionante sobre el atacante.

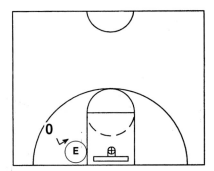

Ejercicio 54: Bloqueo directo y continuación

Objetivo: Practicar las opciones ofensivas después de un bloqueo directo.

Descripción: Inicialmente, en el ejercicio participan dos jugadores (1 y 2) y un entrenador con dos balones. El ejercicio comienza cuando 1 realiza un bloqueo para 2. Éste sale del bloqueo, recibe un pase del entrenador y efectúa un tiro en suspensión. A continuación, 1 realiza la continuación mediante un reverso para dirigirse hacia la canasta, recibir un pase del entrenador y lanzar. Cuando los jugadores dominen la jugada básica de bloqueo directo y continuación con tiro posterior, podrá incorporarse al ejercicio otro jugador (3) y otro entrenador que deberá tener un balón. El diagrama B ilustra una posible secuencia de la versión del ejercicio con tres balones. 1 realiza un bloqueo para 2 y luego hace un reverso para dirigirse hacia la canasta. El entrenador le pasa el balón a 1 para que efectúe un tiro. 2 sale del bloqueo de 1, recibe un pase del entrenador y luego le envía el balón a 3, situado en la esquina, para que efectúe un lanzamiento a canasta. Después de realizar el pase, 2 prosigue su carrera cruzando el semicírculo superior de tiros libres, recibe un pase del entrenador y efectúa un tiro en suspensión.

Clave del entrenamiento:

• Debe recalcarse la importancia de utilizar la ejecución correcta para un tiro a canasta equilibrado.

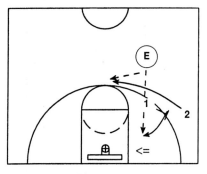

Diagrama A

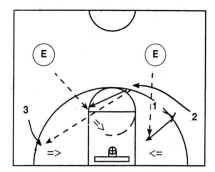

Diagrama B

EJERCICIO 55: TIROS EN SUSPENSIÓN SIN CANASTA

Objetivo: Desarrollar la posición correcta para el tiro en suspensión.

Descripción: Los jugadores deben formar dos filas situadas una frente a la otra y a una distancia de unos tres metros. Cada jugador tiene un balón. Los jugadores practicarán el tiro lanzando el balón al jugador que tienen enfrente. Deben concentrarse en utilizar la técnica correcta para el tiro en suspensión.

Clave del entrenamiento:

• El entrenador debe circular entre los jugadores para corregir cualquier error en la postura o en la técnica, poniendo especial atención en el nivel de concentración de los jugadores.

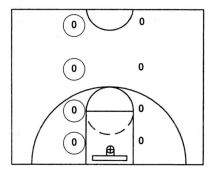

Objetivo: Mejorar la confianza del jugador en los tiros en suspensión.

Descripción: Los jugadores deben situarse cerca de una de las líneas de fondo, a una distancia de unos 4 ó 4,5 metros de la canasta. Deben concentrarse en el aro y llevar a cabo la ejecución correcta de un tiro en suspensión sin balón. Los jugadores deben concentrarse y visualizar cada tiro. Deben hacerse una imagen mental del balón en su recorrido hasta la canasta. Los jugadores deben ir rotando en un arco compuesto por cinco posiciones situadas alrededor del perímetro, permaneciendo siempre a unos 4 ó 4,5 metros del aro.

Clave del entrenamiento:

• El entrenador debe observar con atención el nivel de concentración de cada jugador y determinar el tiempo de duración del ejercicio en función de ello.

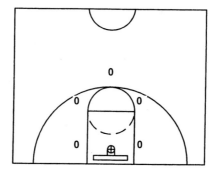

Ejercicio 57: Rueda de tiro

Objetivo: Efectuar un gran número de tiros desde distintas zonas de la pista.

Descripción: El equipo debe dividirse en cuatro grupos de igual número de jugadores. Cada grupo se colocará en fila como se muestra en el diagrama. El primer jugador de cada fila realizará un lanzamiento a canasta, recogerá el rebote de su propio tiro y le pasará el balón al siguiente jugador de su fila. A continuación, el jugador que ha efectuado el tiro se colocará al final de la siguiente fila según el sentido de las agujas del reloj.

Clave del entrenamiento:

• El entrenador puede variar el ejercicio situando una quinta fila, es decir una quinta posición de lanzamiento, a la altura de la línea de tiros libres.

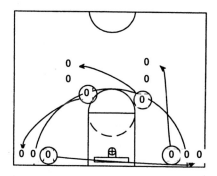

CAPÍTULO VI

EJERCICIOS DE CONTRAATAQUE

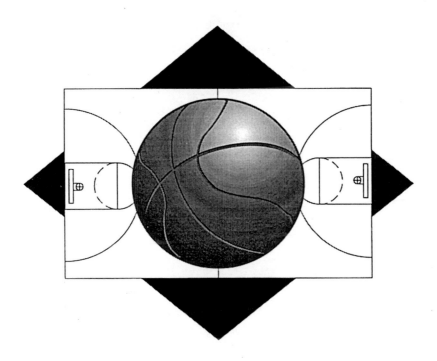

EJERCICIO 58: UN CONTRAATAQUE DE TRES JUGADORES

Objetivo: Desarrollar la capacidad de los jugadores para el rebote, para el pase de apertura y para el pase de béisbol.

Descripción: El entrenador debe dividir a la plantilla en grupos de tres jugadores y colocará al primer grupo a lo largo de la línea de fondo, tal como se muestra en el diagrama. Al principio el balón está en manos del alero de la derecha (1), que inicia el ejercicio con un pase al jugador central (2). 2 le pasará el balón al otro alero (3) y luego correrá con rapidez hacia el otro lado de la pista para recibir un pase de 3 aproximadamente a la altura del medio campo. Mientras 1 y 3 corren a gran velocidad abiertos por las bandas y luego cortan en diagonal hacia la canasta, 3 deberá avanzar botando el balón hasta la línea de tiros libres, donde se detendrá. Desde allí efectuará un pase picado a uno cualquiera de los aleros para que entre a canasta y luego se situará en posición para recibir el pase de apertura del contraataque en el lado del alero que haya efectuado el lanzamiento a canasta. El alero del flanco opuesto cogerá el rebote y le enviará el pase de salida a 2, que realizará un pase de béisbol a lo largo de toda la pista al jugador situado en el ala derecha del siguiente grupo de tres. El entrenador puede aumentar la dificultad del ejercicio haciendo que los jugadores que entren a canasta utilicen su mano no dominante para intentar encestar.

Clave del entrenamiento:

• El ejercicio debe realizarse a la máxima velocidad, poniendo especial atención en la distancia entre los jugadores, en los pases y en los cortes en diagonal hacia la canasta.

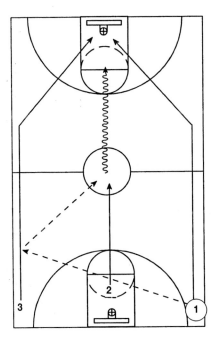

EJERCICIO 59: CONTRAATAQUE POR LAS BANDAS SIN PASE PICADO

Objetivo: Desarrollar los fundamentos del contraataque.

Descripción: El entrenador debe dividir a la plantilla en grupos de tres jugadores. El jugador 1 tiene el balón en el centro de la pista. Los jugadores 2 y 3 se deben situar como aleros abiertos, muy cerca de las líneas de banda. 1 le pasa el balón a 3 y luego corre a gran velocidad hacia el otro lado de la pista, manteniéndose abierto por la banda, para que 3 le devuelva el balón. Cuando haya recibido el pase, 1 avanzará botando el balón hasta la línea de tiros libres y luego se la pasará a 2 mientras éste penetra con rapidez hacia canasta para entrar en bandeja. Los tres jugadores deben correr a por el rebote. Para la vuelta hacia el otro lado de la pista, 1 ocupará la línea de recorrido de 3, 2 asumirá el rol original de 1 y 3 reemplazará a 2. El grupo realizará tres contraataques a lo largo de la pista y en cada uno de ellos los jugadores intercambiarán sus roles. El nivel de dificultad del ejercicio puede aumentarse obligando a quienes tengan que encestar a que utilicen su mano no dominante.

Clave del entrenamiento:

• El ejercicio debe efectuarse a máxima velocidad prestando especial atención a la separación entre los jugadores, a los pases y a la rápida penetración hacia canasta.

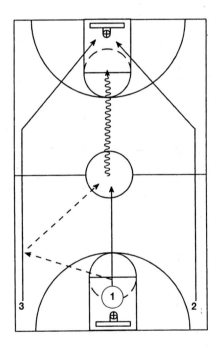

EJERCICIO 60: CONTRAATAQUE DE CINCO JUGADORES

Objetivo: Desarrollar la técnica del contraataque en equipo; mejorar los niveles de resistencia.

Descripción: El entrenador debe dividir la plantilla en equipos de cinco jugadores. Cada equipo debe tener un jugador que maneje el balón. Los jugadores deben situarse en las posiciones que se muestran en el diagrama. El 4 es el encargado de coger el rebote y de sacar de fondo después de cada canasta. Para empezar el ejercicio, el 4 le pasa el balón a 5, que se la enviará al jugador que conducirá el contraataque, es decir al 1. Éste, cuando reciba el pase, avanzará a gran velocidad hacia el otro lado del campo botando el balón, mientras que el resto de jugadores debe seguir las líneas de recorrido que se muestran en el diagrama. Cuando el 1 llegue a la línea de tiros libres, los aleros deben penetrar en diagonal hacia la canasta, de modo que el 1 pueda enviarle el balón a cualquiera de los cuatro jugadores para que efectúen una entrada a canasta o un tiro en suspensión. El ejercicio puede prolongarse durante un determinado período de tiempo o bien hasta que se consiga un número de canastas preestablecido.

Claves del entrenamiento:

- El ejercicio debe realizarse a máxima velocidad para obtener los máximos beneficios en lo que se refiere a la condición física.
- Debe recalcarse el hecho de que los jugadores se apresuren a ocupar sus respectivas posiciones en el campo después de cada canasta.

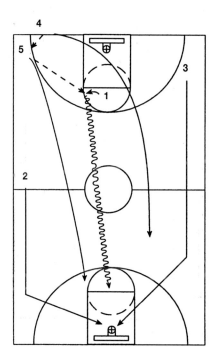

Objetivo: Enseñar los fundamentos del rebote, del trabajo de pies y del pase de apertura.

Descripción: Cuatro jugadores deben colocarse en fila unos dos metros enfrente de la canasta. Un quinto jugador se situará con el balón a una cierta distancia. Este jugador efectuará un lanzamiento fallido al tablero. El primer jugador de la fila cogerá el rebote y en el mismo momento en que caiga en el suelo pivotará hacia la línea de banda que le quede más cerca y efectuará un pase. El jugador debe siempre pivotar en dirección opuesta a la posible congestión de jugadores que haya debajo de la canasta o en el centro. A medida que aumente el nivel técnico, el entrenador puede incluir en el ejercicio a un sexto jugador, que se situará cerca de la línea de banda a la altura del medio campo. Cuando el jugador caiga después de haber cogido el rebote, deberá pivotar y enviarle un pase de apertura a ese sexto jugador. Para incrementar la sensación de realidad del ejercicio, el entrenador puede incluir también a un séptimo jugador que se encargará de presionar al jugador que efectúa el pase de apertura.

Claves del entrenamiento:
• El énfasis debe ponerse en la correcta postura del cuerpo y en el adecuado trabajo de pies.
• Los jugadores más experimentados deben trabajar para conseguir pivotar en el aire, de modo que cuando caigan ya se hallen posicionados en dirección a la línea de banda que tengan más cerca.

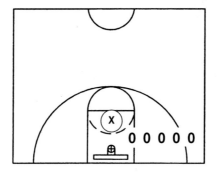

EJERCICIO 62: REBOTE Y CONTRAATAQUE DE DOS PASES

Objetivo: Desarrollar los fundamentos del rebote, del pase de apertura y del segundo pase.

Descripción: El equipo debe dividirse en grupos de cuatro con los jugadores situados en las posiciones que se muestran en el diagrama. El jugador situado en la línea de tiros libres deberá efectuar un lanzamiento a canasta fallido y luego defender de lejos al reboteador. Éste debe coger el balón, pivotar en el aire hacia la línea de banda que tenga más cerca y efectuar un pase de apertura al compañero que sale al contraataque por esa banda. El otro jugador que participa en el contraataque debe salir corriendo a gran velocidad hacia el otro lado de la pista. Cuando este jugador cruce la línea de medio campo, deberá cortar en diagonal hacia el centro. Éste le enviará un pase a su compañero cuando cruce la línea de medio campo cerca del centro de la pista. En el ejercicio se puede incluir a un quinto jugador que actuará como segundo reboteador. El jugador que no coja el rebote deberá correr hacia el otro lado de la pista ocupando la línea de recorrido habitual del jugador que asume una posición central en un contraataque. El ejercicio puede continuar hasta que el jugador central llegue a la línea de tiros libres y allí efectúe un pase a uno de los dos aleros, que deberán penetrar hacia la canasta, o bien se detenga y realice un lanzamiento a canasta.

Claves del entrenamiento:

- El énfasis debe ponerse en el hecho de que el receptor del pase de salida reciba el balón mientras corre hacia el otro lado de la pista.
- El entrenador debe subrayarle al jugador que va a cortar que calcule su movimiento hacia el centro de la línea de medio campo de manera que llegue al mismo tiempo que el pase.
- No deben producirse retrasos a la hora de efectuar o recibir los pases; el balón nunca tiene que tocar el suelo.

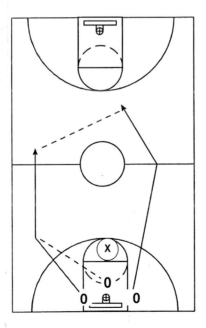

EJERCICIO 63: CULMINACIÓN DE CONTRAATAQUE CON PASE PICADO

Objetivo: Desarrollar una culminación de contraataue con un pase picado a un alero que penetra hacia canasta.

Descripción: Este ejercicio comienza con tres jugadores situados en fila y separados cerca de la línea de medio campo. El jugador que se halla en el centro avanza botando el balón a la máxima velocidad hacia la línea de tiros libres, mientras que los dos jugadores situados en las alas deberán penetrar hacia canasta cuando lleguen a la prolongación imaginaria de la línea de tiros libres. Entonces, el jugador que tiene el balón efectuará un pase picado a uno de los dos aleros mientras corren para entrar a canasta. El entrenador también puede incluir en el ejercicio a un defensor, cuya misión será la de obstaculizar al jugador que tiene el balón a la altura de la línea de tiros libres.

Claves del entrenamiento:

• Hay que recalcar la importancia de efectuar pases precisos y técnicamente correctos.
• Los jugadores deben practicar la ejecución del pase picado con ambas manos.

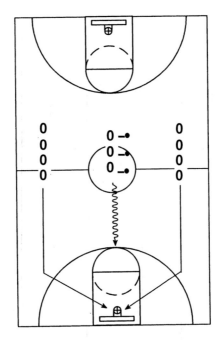

Objetivo: Desarrollar la capacidad de los jugadores que efectúan un contraataque para tomar decisiones sobre hacia dónde distribuir el balón.

Descripción: El entrenador puede dividir a la plantilla en grupos de cinco jugadores o bien dejar permanentemente a dos jugadores en la defensa y con el resto formar distintos equipos atacantes de tres jugadores. Los dos defensores se situarán en tándem, uno en la línea de tiros libres y el otro cerca de la línea de fondo. Los atacantes iniciarán el ejercicio desde la línea de medio campo. El atacante que se halla en el centro avanzará botando hacia la línea de tiros libres a máxima velocidad, mientras que los aleros cortarán hacia la canasta. Si el jugador que lleva el balón recibe una defensa agresiva por parte del primer defensor, deberá pasarle el balón a uno de los aleros. En cambio, si el primer defensor flota para prevenir un pase a uno de los aleros, el jugador que lleva el balón tendrá que efectuar un pase al otro alero, o bien detenerse para realizar un tiro en suspensión. El jugador que tiene el balón también puede optar por intentar penetrar superando al primer defensor para así crear una situación de tres contra uno.

Clave del entrenamiento:

• El entrenador debe observar la decisión que toma el jugador que lleva el balón y, si es necesario, detener el ejercicio para efectuar alguna corrección.

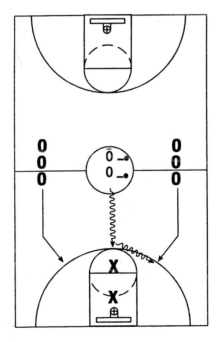

EJERCICIO 65: OPCIONES PARA EL PASE DE APERURA

Objetivo: Practicar las acciones de rebote y del pase de apertura; mejorar la capacidad para reconocer las distintas opciones que pueden presentarse.

Descripción: El equipo se dividirá en grupos de tres jugadores, que se colocarán en las posiciones que se muestran en el diagrama A. Un entrenador se situará cerca de la línea de tiros libres y efectuará un tiro a canasta fallido. 1 cogerá el rebote e intentará enviarle un pase de béisbol a 2 que estará preparado para salir (diagrama A). Tanto 2 como 3 deben correr hacia el otro lado de la pista y culminar. En el diagrama B, 2 se abre a la banda para facilitar y recibir el pase de apertura de 1 y, después de recibirlo, le pasa el balón a 3, que la conducirá hacia el otro lado de la pista. En el diagrama C aparece una tercera opción. 2 corre hacia el reboteador para recibir el pase, pero se detiene bruscamente y pivota para dirigirse hacia el otro lado del campo corriendo junto a la línea de banda. 1 le pasa el balón a 3, situado en el ala opuesta, y éste avanza a toda velocidad botando el balón hasta cruzar la línea de medio campo. El entrenador puede decidir incluir en el ejercicio a tres defensores para que ofrezcan una resistencia simbólica poniendo sus manos frente a la cara de los atacantes y obstaculizando las líneas de pase. La intensidad defensiva deberá incrementarse a medida que el nivel de habilidad de los jugadores aumente.

Clave del entrenamiento:

• El entrenador debe subrayar que se coja una adecuada posición para el rebote, que se efectúe un correcto trabajo de pies y, si es posible, que se pivote en el aire. El reboteador debe ser animado a que agarre el balón con energía y que luego efectúe un rápido y preciso pase de apertura.

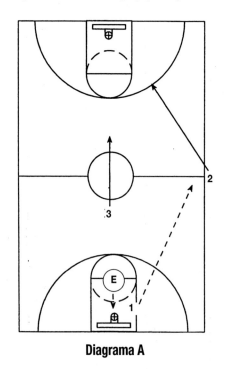

Diagrama A

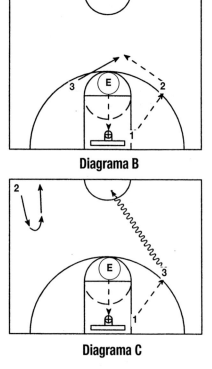

Diagrama B

Diagrama C

EJERCICIO 66: OPCIONES EN UN CONTRAATAQUE DE CONDUCCIÓN CENTRAL

Objetivo: Aumentar la eficacia en la culminación de un contraataque; aprender a reconocer las opciones que se pueden presentar.

Descripción: El ejercicio comienza con tres jugadores atacantes alineados en el medio campo, con el balón en manos de 1 (diagrama A). Cuando 1 se acerca a la parte superior del semicírculo de tiros libres, los jugadores que se hallan en las alas cortan hacia la zona y 2 efectúa un bloqueo para 3 en la zona del poste bajo. 3 debe liberarse de su defensor y salir del bloqueo para situarse en el borde de la zona y recibir un pase de 1. En el diagrama B, 1 le pasa el balón a 2 y luego se mueve para efectuar un bloqueo indirecto para 3, que lo aprovechará para abrirse hacia el exterior, recibir un pase de 2 y efectuar un tiro en suspensión. El entrenador pueden incluir en el ejercicio a otros dos atacantes que ocuparán las líneas de recorrido que se muestran en el diagrama C. En este caso, 1 puede pasarle el balón a cualquiera de los cuatro jugadores. También puede enviarle un pase a uno de los dos aleros después de que éstos salgan de los bloqueos realizados por sus compañeros.

Clave del entrenamiento:
- El énfasis debe ponerse en que los jugadores se mantengan bien abiertos hacia las bandas.

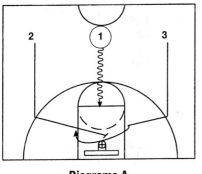

Diagrama A

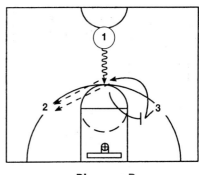

Diagrama B

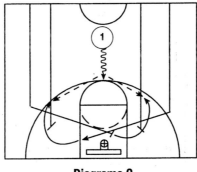

Diagrama C

EJERCICIO 67: EJERCICIO DE TIRO DE TRES PUNTOS DESPUÉS DE UN CONTRAATAQUE

Objetivo: Desarrollar un contraataque utilizando las opciones finales de tiros de dos y tres puntos en una situación competitiva.

Descripción: El entrenador debe dividir la plantilla en tres equipos de cinco jugadores. El equipo A realiza un contraataque hacia uno de los lados de la pista mientras el equipo B retrocede para situarse en defensa. El jugador A1 es el más adelantado y corta hacia la canasta para luego volver hacia atrás y situarse detrás de la línea de tres puntos mientras A2 se acerca con el balón a la parte superior del semicírculo de tiros libres. A3 y A4 se sitúan en las bandas mientras que A5 se coloca más retrasado en posición de seguridad. El equipo B se sitúa en las posiciones defensivas que se muestran en el diagrama A. Cuando A1 llega a la línea de tres puntos, B1 y B2 deben correr hasta la línea de medio campo y luego regresar con rapidez para efectuar una defensa agresiva (diagrama B). Durante esta acción, el equipo C debe posicionarse en el otro lado de la pista para actuar como equipo defensor cuando el equipo B tenga la posesión del balón. Mientras B1 y B2 van hasta el medio campo y vuelven, el equipo A deberá intentar efectuar una jugada de contraataque de dos puntos utilizando cualquier opción disponible. Una vez que B1 y B2 haya regresado a la defensa, A2 le pasará el balón a A1 para que intente un lanzamiento de tres puntos. A1 podrá efectuar un reverso o un pase interior en caso de que no pueda lanzar a canasta.

Clave del entrenamiento:

- El entrenador debe recalcar la importancia de llevar a cabo una rápida jugada de contraataque de dos puntos siempre que sea posible; en caso contrario, debe efectuarse el lanzamiento de tres puntos también con rapidez. También se debe subrayar la importancia de un correcto movimiento del balón y de la selección del tiro.

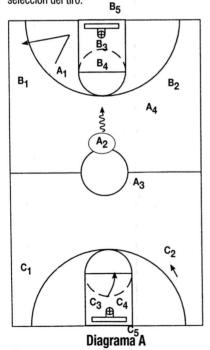

Diagrama A

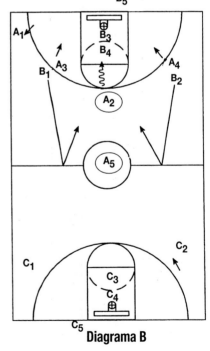

Diagrama B

EJERCICIO 68: CONTRAATAQUE CUANDO EL EQUIPO CONTRARIO PRESIONA

Objetivo: Desarrollar la capacidad del equipo para llevar a cabo un contraataque; rompiendo la presión defensiva.

Descripción: El entrenador debe dividir a la plantilla en equipos de cinco jugadores. Inicialmente, el ejercicio se llevará a cabo sin la presencia de ningún defensor. Los jugadores cogerán el rebote de un tiro y practicarán el contraataque hacia el otro lado de la pista del modo que se describe en los ejercicios anteriores o bien de acuerdo al sistema de contraataque que suela utilizar el equipo. Trabajarán hasta que consigan una canasta y, luego, los cinco jugadores correrán deprisa hasta situarse al otro lado de la línea de fondo. En el recorrido de vuelta al otro lado de la pista, deberán practicar los sistemas ofensivos designados para superar las distintas presiones defensivas en toda la pista. Cuando hayan regresado al punto de partida, entrará en juego el siguiente equipo, que repetirá todo el proceso. El ejercicio también se puede llevar a cabo con la participación de cinco defensores. El nivel de la presión defensiva debe irse aumentando a medida que aumenta el nivel de eficiencia de los jugadores.

Claves del entrenamiento:

• Los jugadores deben realizar el ejercicio a la máxima velocidad y ocupar con rapidez sus respectivas posiciones en cada lado de la pista.
• El énfasis debe ponerse en los pases que se realizan para llevar el balón hasta el otro lado de la pista.

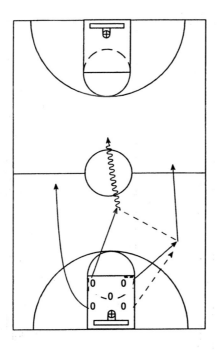

Ejercicio 69: Tres equipos de cuatro

Objetivo: Mejorar los fundamentos básicos del contraataque.

Descripción: En el ejercicio intervienen tres equipos de cuatro jugadores. Inicialmente, se realiza un contraataque de cuatro contra dos. Los otros dos defensores que deben permanecer fuera de la pista, junto a las líneas de banda, deben dirigirse hacia el círculo central después de que el balón haya pasado la línea de medio campo. En ese momento comienza el enfrentamiento de cuatro contra cuatro. El equipo atacante debe intentar anotar. Cuando el equipo defensor haya cogido el rebote, los jugadores del equipo atacante deberán correr hacia la otra canasta para enfrentarse, también como atacantes, al tercer equipo. En un primer momento, el nuevo equipo defensor también tiene únicamente dos defensores, pero los dos restantes se incorporarán del mismo modo que se hacía en el caso anterior.

Clave del entrenamiento:

• Se puede recalcar la importancia de distintos aspectos del ejercicio asignando algún punto a determinadas acciones (por ejemplo, un punto por un rebote ofensivo, un punto por forzar una pérdida del balón, etc.).

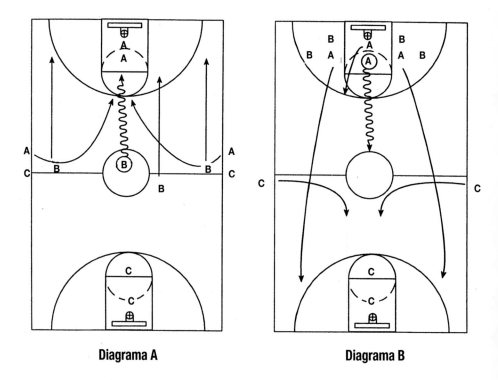

Diagrama A   Diagrama B

EJERCICIO 70: CONTRAATAQUE DE CINCO CONTRA TRES

Objetivo: Practicar la culminación en un contraataque tras tiro libre ante una presión limitada.

Descripción: En el ejercicio participan dos equipos de cinco jugadores. El ejercicio comienza con un jugador del equipo A lanzando un tiro libre. Si no entra, los tres jugadores del equipo A que se hallen más cerca de la canasta intentarán coger el rebote y anotar. Si se consigue anotar el tiro libre, al equipo A se le otorgará un punto y el equipo B sacará el balón en juego desde el fondo para efectuar un contraataque hacia la otra canasta. Los dos miembros del equipo A que estaban situados en la zona en el momento de efectuarse el tiro libre intentarán obstaculizar el pase de salida, pero no volverán a la defensa. Por tanto, el equipo B efectuará un contraataque de cinco contra tres. Si el equipo B consigue anotar una canasta, recibirá dos puntos. Si un miembro del equipo recibe una falta personal, ese mismo jugador efectuará un tiro libre y el proceso volverá a reiniciarse.

Clave del entrenamiento:

• El ejercicio se prolongará durante un determinado período de tiempo (por ejemplo, cinco minutos) o hasta que uno de los dos equipos consiga un número de puntos establecido con anterioridad.

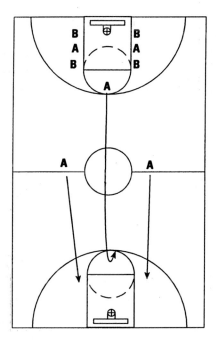

CAPÍTULO VII

EJERCICIOS DE ENTRADA A CANASTA

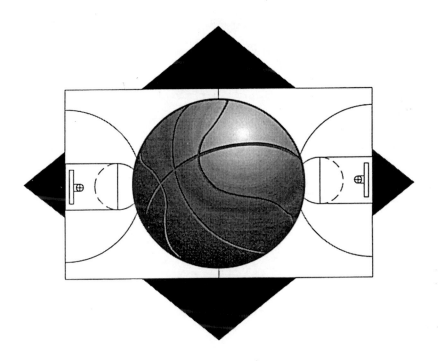

Objetivo: Practicar la entrada a canasta con las manos derecha e izquierda; desarrollar la resistencia.

Descripción: El ejercicio empieza con el jugador situado en el interior de la zona, a la derecha de la canasta. El jugador efectúa una entrada con la mano derecha y luego deberá coger el balón antes de que toque el suelo. A continuación, se colocará en el lado izquierdo de la canasta para realizar una entrada con la mano izquierda y volver a coger el balón antes de que toque el suelo. La duración del ejercicio se puede establecer en función de un número concreto de entradas a canasta o determinando un tiempo de duración.

Claves del entrenamiento:

• El entrenador debe prestar especial atención a que los jugadores realicen un adecuado trabajo de pies, es decir que salten impulsándose con el pie izquierdo cuando realizan una bandeja con la mano derecha y con el pie derecho cuando la realicen con la izquierda.

• Los jugadores deben realizar este ejercicio manteniendo el balón por encima de los hombros.

• Se puede añadir variedad al ejercicio haciendo que los jugadores efectúen con ambas manos.

Objetivo: Desarrollar la acción de entrada a canasta, poniendo especial énfasis en cubrir la mayor distancia posible en los pasos de entrada.

Descripción: En este ejercicio, los jugadores comienzan realizando una penetración botando el balón para efectuar una entrada a canasta desde la parte superior del semicírculo de tiros libres, desde el centro de las líneas de banda y desde cada esquina. Los jugadores deben completar la jugada efectuando un único bote, y realizarán tres entradas consecutivas desde cada uno de los puntos designados para empezar el ejercicio. Después de realizar tres entradas consecutivas desde uno de esos puntos, el jugador deberá desplazarse hasta la línea de tiros libres, desde donde deberá anotar un número de tiros predeterminados antes de pasar al siguiente punto de comienzo. El ejercicio se prolongará hasta que los jugadores hayan realizado todas las entradas a canastas.

Claves del entrenamiento:

• Todas las jugadas deben realizarse de manera consecutiva, sin detenerse, para que el ejercicio se parezca lo más posible a una situación de juego.
• Los puntos de inicio para las entradas a canasta y el número de tiros libres que tienen que anotarse deben ajustarse a la edad y al nivel técnico de los jugadores.

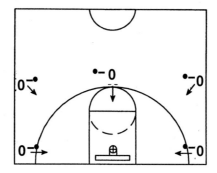

Ejercicio 73: Entradas a canasta con tres jugadores

Objetivo: Desarrollar la entrada a canasta tras un pase.

Descripción: Tal como se muestra en el diagrama, los jugadores deben formar tres filas cerca de la línea de medio campo. 2 le pasa el balón a 1 y luego se abre hacia la banda contraria. 3 penetra hacia canasta, recibe un pase de 1 y efectúa una entrada. 1 deberá coger el rebote y pasarle el balón a 2 para que realice una entrada a canasta. Mientras 3 coge el rebote, 1 se desplaza a la línea de banda contraria. Para completar la rotación, 3 le pasará el balón a 1 para que entre a canasta y 2 cogerá el rebote. Después, los tres jugadores se colocarán al final de filas diferentes.

Clave del entrenamiento:

• Después de recibir el pase, la entrada a canasta debe efectuarse sin que el balón toque el suelo y manteniéndola por encima de los hombros.

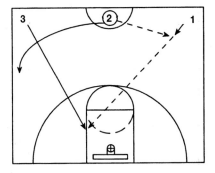

Ejercicio 74: Entrada a canasta con un pase mano a mano

Objetivo: Practicar las acciones de pase y entrada a canasta.

Descripción: Dos jugadores (1 y 2) justo en el exterior de la zona a la altura de la línea de tiros libres. El resto de jugadores formarán dos filas por detrás de 3 y 4. Estos dos jugadores comienzan el ejercicio botando el balón hacia el exterior y luego pasándoselo a sus respectivos postes altos. A continuación, 3 corta en diagonal a través de la zona y 4 hace lo mismo pasando justo por detrás de 3. Cada jugador recibirá un pase del poste más cercano a él y deberá efectuar una entrada a canasta. 3 y 4 recogerán sus propios rebotes y se colocarán al final de la fila contraria a la que se hallaban al principio.

Claves del entrenamiento:

• Hay que recalcar la importancia de realizar entradas rápidas y de cubrir la máxima distancia posible en el último paso hacia el aro.
• El entrenador debe sustituir a los jugadores situados en los postes después de que hayan efectuado entre cinco y diez pases.

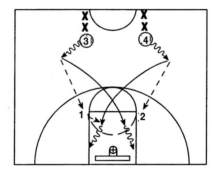

Objetivo: Desarrollar las acciones de dribling de avance el balón y de la entrada a canasta.

Descripción: El entrenador debe dividir a la plantilla en dos equipos. Tal como se muestra en el diagrama, cada equipo se colocará en una de las canastas. Cuando el entrenador haga sonar el silbato, el primer jugador de cada fila efectuará una entrada a canasta en el mismo lado del campo en el que se encuentra y luego correrá botando el balón hasta el otro lado de la pista, donde efectuará otra entrada. A continuación, volverá botando el balón hacia el otro lado del campo y realizará una tercera entrada en la canasta desde la que había empezado el ejercicio. El siguiente jugador de la fila repetirá el mismo proceso y el ejercicio continuará hasta que todo el equipo haya efectuado un determinado número de entradas a canasta (por ejemplo, 15, 20, etc.). El ejercicio debe plantearse como una competición de velocidad, de modo que el equipo ganador será el que antes realice ese número de entradas; en ese momento terminará el ejercicio.

Clave del entrenamiento:

• El entrenador puede incrementar el nivel de resistencia física que exige el ejercicio aumentando el número de entradas a canasta que deben efectuarse para ganar o bien haciendo que el equipo perdedor lleve a cabo una serie de ejercicios físicos.

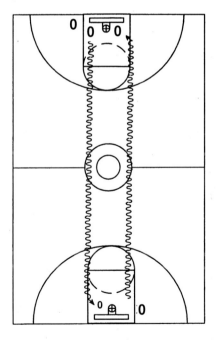

Ejercicio 76: Pase de apertura y entrada a canasta a máxima velocidad

Objetivo: Desarrollar las acciones de pase, dribling y entrada a canasta en una situación competitiva a máxima velocidad.

Descripción: El entrenador debe dividir a la plantilla en dos equipos. El jugador 1 tiene el balón al principio del ejercicio. Los jugadores 2 y 3 se deben colocar en las posiciones que se indican en el diagrama para recibir y efectuar pases. Cuando el entrenador haga sonar el silbato, 1 deberá efectuar una entrada a canasta, coger el rebote y enviarle un pase de salida a 2. A continuación, 1 deberá realizar un esprint hasta el otro lado de la pista mientras 2 le pasa el balón a 3, éste se devolverá a 1 para que efectúe otra entrada a canasta. 3 deberá coger el rebote y enviarle un pase largo a 1 para que éste realice una tercera entrada en la canasta desde la que había iniciado el ejercicio. 3 también deberá correr hasta el otro lado del campo y, junto con 1, situarse al final de la fila. 2 se colocará entonces en la posición que tenía 3 al principio del ejercicio. El primer jugador de la fila ocupará el lugar de 2, mientras que el segundo se situará en la posición original de 1. Ganará el primer equipo que efectúe el número de entradas a canasta establecido con anterioridad.

Clave del entrenamiento:

• El entrenador debe variar el número de entradas necesario para obtener la victoria en el ejercicio en función del trabajo físico que desee que realicen los jugadores.

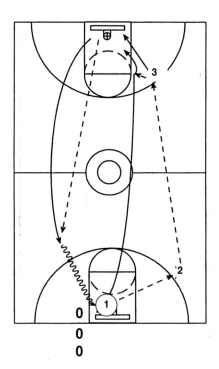

Objetivo: Desarrollar los pases en carrera y entradas a canasta.

Descripción: El ejercicio comienza con seis jugadores situados como pasadores y el resto del equipo dividido en dos filas. Los jugadores que se hallan en las filas, cada uno con un balón, serán los que efectúen las entradas a canasta. El primer jugador de cada fila le enviará el balón al primer pasador situado en su mismo flanco de la pista y luego correrá a toda velocidad hacia el otro lado del campo. P1 (pasador 1) le enviará el balón a P2 y éste a P3. Éste le efectuará un pase al jugador que avanza corriendo para que realice una entrada a canasta. Después de un determinado período de tiempo, los pasadores intercambiarán sus roles con los jugadores que efectúan las entradas.

Clave del entrenamiento:

• El entrenador debe variar la duración del ejercicio en función del trabajo físico que desee que realicen los jugadores.

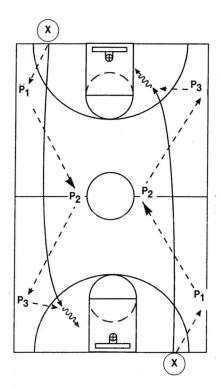

Ejercicio 78: Entrada a canasta después de una circulación del balón entre cuatro jugadores

Objetivo: Desarrollar el movimiento del balón y la entrada a canasta en un ejercicio de calentamiento.

Descripción: El entrenador debe dividir a la plantilla en grupos de cuatro jugadores, que se colocarán en las posiciones que se indican en el diagrama. 1 da comienzo al ejercicio pasándole el balón al alero que tiene más cerca (3), que se la devolverá dando inicio a la combinación. 1 efectúa entonces un pase mano a mano hacia el otro lado y la circulación del balón continuará tal como se muestra en el diagrama. Cuando el entrenador haga sonar el silbato, el jugador que tenga el balón deberá penetrar hacia la canasta para efectuar una entrada, mientras que los otros tres jugadores tendrán que correr a por el rebote.

Clave del entrenamiento:

• Este ejercicio es un excelente método de calentamiento, ya que el ritmo se puede variar de lento a muy rápido.

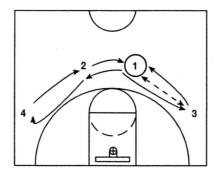

EJERCICIO 79: COMPETICIÓN DE PASES Y ENTRADAS A CANASTA

Objetivo: Desarrollar las acciones de pase y de entrada a canasta en un ejercicio competitivo realizado a la máxima velocidad; mejorar el nivel de condición física.

Descripción: El entrenador debe dividir al equipo en grupos de cuatro jugadores, que se deberán situar en las posiciones que se indican en el diagrama. 1 da comienzo al ejercicio realizando una entrada a canasta para luego coger el rebote y pasarle el balón a 2. A continuación, 1 efectuará un sprint hacia el otro lado del campo mientras 2 le envía el balón a 3. Éste se la pasará a 4, quien se la entregará a 1, que todavía deberá estar en plena carrera, para que realice una entrada a canasta. El propio 1 cogerá el rebote y recorrerá todo el campo, botando el balón y a la máxima velocidad, para efectuar una tercera entrada a canasta. El jugador debe encestar las tres entradas y luego intercambiar su rol con uno de sus compañeros. El primer equipo cuyos cuatro jugadores completen el ejercicio será el ganador.

Claves del entrenamiento:

- El entrenador puede decidir que todos los jugadores boten y efectúen las entradas a canasta con su mano menos hábil.
- Para endurecer el trabajo físico del ejercicio y para incentivar el ambiente competitivo, el entrenador puede decidir que los jugadores del equipo perdedor realicen algunos sprints o ejercicios físicos adicionales.

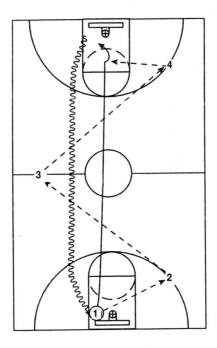

EJERCICIO 80: ENTRADAS A CANASTA Y TIROS EN SUSPENSIÓN
EFECTUADOS A GRAN VELOCIDAD

Objetivo: Enseñar a los jugadores a efectuar las entradas a canasta y los tiros en suspensión a la máxima velocidad; desarrollar la resistencia.

Descripción: En el ejercicio participan cada vez tres jugadores con dos balones. Un entrenador debe actuar como cronometrador. La función de los jugadores 1 y 2 es la de rebotear cada vez que se efectúe un lanzamiento a canasta y devolver el balón a su posición inicial (es decir, una a cada lado de la línea de tiros libres). 3 se sitúa de cara a la canasta en el centro de la zona y, a una señal del cronometrador, deberá correr hacia el balón situada a su derecha y penetrar hacia el aro para efectuar una entrada con la mano derecha. A continuación, deberá correr hacia la otra pelota y efectuar un tiro en suspensión desde el extremo izquierdo de la línea de tiros libres. 3 deberá repetir este proceso durante un determinado período de tiempo y, luego, 1 y 2 ocuparán su puesto sucesivamente. Cuando 3 comience la segunda rotación, cambiará el orden de las acciones y empezará corriendo hacia el balón que tiene a su izquierda para efectuar una entrada a canasta con la mano izquierda. Luego efectuará el tiro en suspensión desde el extremo derecho de la línea de tiros libres.

Clave del entrenamiento:

• El entrenador debe determinar el tiempo que tiene cada jugador para efectuar una rotación en función de la capacidad y del nivel de preparación física de sus jugadores. En general, a cada jugador se le suele asignar un tiempo de entre 30 y 60 segundos. Por tanto, cada grupo de tres jugadores debería completar el ejercicio en seis minutos como máximo.

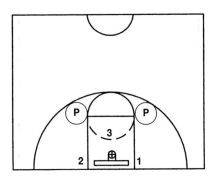

Objetivo: Enseñar a los jugadores a proteger el balón mientras avanzan con fuerza hacia el aro para intentar una entrada a canasta con la oposición de un defensor.

Descripción: El entrenador debe dividir a la plantilla en dos filas de igual número de jugadores, una situada por encima del semicírculo superior de tiros libres y la otra junto a la línea de banda. En ésta se hallan los defensores. El primer jugador atacante debe penetrar con decisión hacia canasta, mientras el defensor se dirige también con energía hacia el aro para intentar bloquear la entrada. Cuando termine la jugada, los dos jugadores cambiarán de fila.

Claves del entrenamiento:

- Los entrenadores deben detener el ejercicio para asegurarse de que protegen correctamente el balón y de que se están concentrando en lo que deben hacer.
- A los defensores debe enseñárseles a intentar bloquear la entrada con su mano interior.

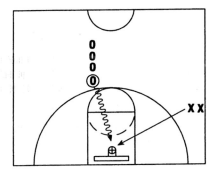

CAPÍTULO VIII

EJERCICIOS PARA EL JUEGO INTERIOR

EJERCICIO 82: RECIBIR EN EL POSTE BAJO

Objetivo: Enseñar los movimientos básicos para desmarcarse y recibir un pase en el poste.

Descripción: Todo el equipo rotará en el ejercicio en grupos de dos jugadores, –uno actuando como atacante y otro como defensor. El entrenador, o uno de los bases, actuará como pasador y se deberá situar en una de las alas. El poste atacante comenzará efectuando varios movimientos desde la parte más alejada de la zona para tratar de desmarcarse, mientras que el defensor intentará interceptar el pase. Deben emplearse distintos movimientos: fintas de frente a canasta y tiro en suspensión, movimientos de pies para lanzar con un paso de aproximación, etc. El ejercicio continuará hasta que todos los jugadores hayan intervenido en las posiciones atacante y defensiva en ambos lados de la zona.

Claves del entrenamiento:

- El entrenador puede indicar qué jugada o movimiento tiene que efectuar el jugador interior para asegurarse de que se llevan a cabo todos los movimientos básicos.
- Debe prestarse especial atención a la postura del cuerpo, al trabajo de pies y a la técnica de recepción del pase.

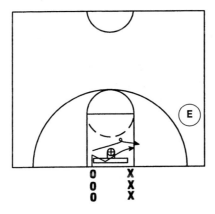

Objetivo: Enseñar a los pívots diversos movimientos de pies que se realizan en el poste.

Descripción: Este ejercicio está pensado únicamente para los jugadores que juegan en los postes. Cada jugador debe practicar el ejercicio pivotando sobre el pie más alejado de la línea de fondo y utilizando su mano más hábil para efectuar un tiro al tablero. Más tarde, deberá efectuar también un bote además del movimiento básico, concentrándose en mantener el equilibrio y utilizando el bote para desplazarse a la mejor posición para lanzar a canasta. En otra variante, el jugador debe realizar también una finta con la cabeza antes de efectuar el bote. En esta jugada, el jugador tiene que intentar mantener el balón a la altura del hombro antes de saltar para realizar el lanzamiento a canasta.

Clave del entrenamiento:

• El entrenador debe observar con atención a cada jugador y asegurarse de que está utilizando la ejecución correcta.

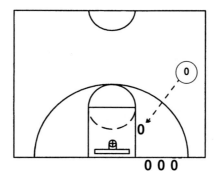

EJERCICIO 84: EJERCICIO DE PIVOTE Y ORIENTACIÓN EN EL POSTE

Objetivo: Enseñar a los pívots las maniobras de pivotar y encarar la canasta.

Descripción: Este ejercicio está pensado únicamente para los jugadores que actúan en los postes, pero también interviene otro compañero o un entrenador, que actuará como defensor. El pívot debe practicar las distintas variantes de pivote para orientarse a la canasta. Con el defensor situado detrás suyo, el poste se girará para ponerse de cara a la canasta, se dispondrá para enfrentarse al defensor y luego realizará un movimiento hacia el aro. Practicará el giro hacia la línea de fondo y hacia el centro de la zona seguido de una jugada en la que tendrá que botar el balón. Una tercera variante consiste en girarse hacia la línea de fondo y luego comenzar a botar hacia atrás, hacia el centro, para efectuar un gancho. Por último, el jugador debe practicar el pivote de modo que quede de cara a la canasta y luego realizar una finta levantando el balón seguida de una jugada explosiva botando el balón. El defensor puede ofrecer una oposición simbólica o bien agresiva en función de lo que determine el entrenador.

Clave del entrenamiento:

• El entrenador debe observar con atención a cada jugador para asegurarse de que realizan correctamente el pivote.

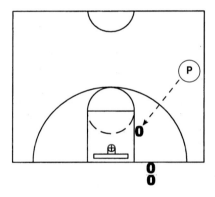

EJERCICIO 85: UNO CONTRA UNO CON AYUDA DEL POSTE

Objetivo: Desarrollar la técnica del uno contra uno con la ayuda de un poste.

Descripción: Tres jugadores deben situarse en las posiciones que se indican en el diagrama. El balón está en manos del pívot (5) y 1 y 2 deben estar de espaldas a la canasta. Cuando el entrenador haga sonar el silbato, el pívot hará rodar el hacia el centro del campo y 1 y 2 deberán luchar por cogerlo. El jugador que la coja será el que actúe de atacante y, en ese momento, ambos iniciarán un uno contra uno en media pista. Los puntos se concederán del siguiente modo: +2 por conseguir una canasta; +1 por sufrir una falta personal del defensor; -1 por cometer una falta personal en ataque; +1 por efectuar un pase al poste; -1 por perder el balón; y +1 por coger un rebote ofensivo. El entrenador irá comunicándole en voz alta los puntos que se vayan obteniendo. Se producirá un cambio de posesión del balón cuando el atacante lo pierda o bien cuando el defensor coja un rebote. El atacante puede efectuar un pase al poste y moverse sin el balón para que éste le devuelva el pase, o bien utilizar al pívot como bloqueador. El pívot puede moverse desde el poste alto al bajo en función de la posición del balón, pero no puede lanzar a canasta, rebotear o botar. El ejercicio se prololongará durante un período de tiempo establecido de antemano y el jugador que consiga una puntuación más alta será el ganador.

Clave del entrenamiento:

• El entrenador debe subrayar a los jugadores que protejan el balón, que se muevan adecuadamente cuando no lo tienen, que efectúen buenos pases y que utilicen correctamente el bloqueo.

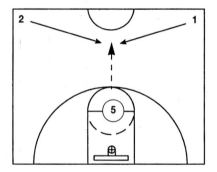

Ejercicio 86: Tres contra tres polarizando acciones en el poste

Objetivo: Desarrollar acciones en el poste en una situación competitiva.

Descripción: El entrenador debe dividir el equipo en grupos de seis jugadores, tres de los cuales actuarán como atacantes y tres como defensores. Los jugadores pueden utilizar media pista completa y obtener puntos de distintas maneras. El equipo atacante tendrá la posesión del balón durante un determinado período de tiempo, transcurrido el cual intercambiará su rol con el equipo defensor. El equipo que consiga una puntuación más alta será el ganador. Los puntos se consiguen del siguiente modo: +1 cuando un poste recibe el pase y luego se realiza un movimiento de pies hacia canasta; -1 cuando se produce una falta personal en ataque; +1 cuando un defensor comete una falta personal; +2 cuando se consigue una canasta; y +1 si se coge un rebote ofensivo. El entrenador contará la puntuación. No se efectuarán tiros libres y el balón siempre volverá al equipo atacante.

Clave del entrenamiento:

• El entrenador debe asegurarse de que el pasador siempre es el primero en moverse cuando se realiza un 2 x 2 exterior-interior.

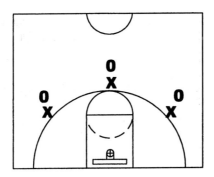

EJERCICIO 87: CUATRO CONTRA UNO CON UN POSTE

Objetivo: Mejorar el desmarque en el poste; trabajar distintos movimientos hacia la canasta una vez que se ha recibido el pase.

Descripción: Este ejercicio debe realizarse a máxima velocidad. Cuatro jugadores atacantes y un defensor deben situarse en las posiciones que se muestran en el diagrama. Los jugadores exteriores se pasarán el balón entre ellos, mientras el poste deberá tratar de desmarcarse y el defensor impedir que reciba un pase. El pívot puede moverse entre el poste bajo y el alto, pero no pueden ir más allá de la línea de tiros libres. Después de recibir un pase, el pívot deberá practicar distintos movimientos de acercamiento a la canasta. El entrenador también puede optar por desarrollar este ejercicio sin defensa o con una defensa simbólica. También se pueden añadir defensores para los jugadores de perímetro de modo que el pase resulte más difícil.

Claves del entrenamiento:

• Debe recalcarse la importancia de la correcta postura del cuerpo, tanto en lo que se refiere a los atacantes como a los defensores.
• El entrenador debe animar al pívot a que ejecute una buena variedad de movimientos y jugadas.

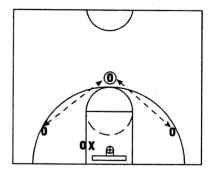

EJERCICIO 88: SIETE CONTRA DOS CON DOS POSTES

Objetivo: Desarrollar la habilidad de los postes para desmarcarse y poder recibir un pase.

Descripción: Siete jugadores atacantes y dos defensores deben situarse en las posiciones que se indican en el diagrama, con el balón en manos de un base. Los jugadores que se hallan en el exterior deberán hacer circular el balón alrededor del perímetro, buscando una oportunidad para pasárselo a uno de los postes. Los dos pívots deben utilizar distintos movimientos para intentar desmarcarse y poder recibir el pase, mientras que los defensores tratarán de impedir que reciban el balón. Los pívots se pueden mover desde el poste bajo al alto, pero no pueden ir más allá de la línea de tiros libres. El entrenador también puede desarrollar el ejercicio sin defensa o con una defensa simbólica.

Clave del entrenamiento:

• El entrenador debe animar a los pívots a que utilicen bloqueos, reversos y a que busquen una posición donde puedan recibir un pase bombeado.

• Debe prestarse especial atención a la correcta postura del cuerpo, tanto de los atacantes como de los defensores.

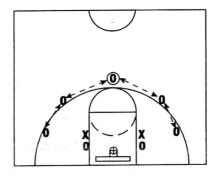

CAPÍTULO IX

EJERCICIOS PARA EL REBOTE OFENSIVO

EJERCICIO 89: DE UN LADO A OTRO

Objetivo: Practicar la acción de rebote, palmeo y control del balón.

Descripción: En el ejercicio participan grupos de tres jugadores, cada uno de los cuales se deberá situar en una canasta. El jugador que está en el centro tiene el balón y da comienzo al ejercicio con un pase al jugador situado al otro lado de la canasta haciendo rebotar el balón en el tablero (por encima del rectángulo que está sobre el aro) y va a ponerse detrás de éste. El jugador que recibe el pase palmea de nuevo contra el tablero de manera que el balón le vuelva al jugador que está en el otro lado y luego corre a colocarse detrás del jugador al que le ha enviado el balón con un palmeo. El principal objetivo del ejercicio es que los jugadores del grupo efectúen palmeos continuos y controlados durante un determinado número de repeticiones.

Claves del entrenamiento:

• Los jugadores deben mantener las manos por encima de los hombros mientras el balón esté en juego.
• Los jugadores deben saltar con los dos pies y coger el balón con las dos manos.
• Los jugadores deben mantener los codos estirados y utilizar los dedos y las muñecas.
• Los jugadores deben mantener el balón por encima del rectángulo y controlar el palmeo (coger y lanzar el balón).
• El jugador que palmea el balón debe situarse detrás del jugador al que le ha enviado el balón con el palmeo.
• Todos los jugadores deben moverse con rapidez hacia su siguiente posición; los jugadores no deben distraerse mirando el balón. Los grupos deben estar compuestos por jugadores de talla similar y de parecidas capacidades para el salto.

Variantes:

• Al principio los jugadores pueden utilizar una cualquiera de las manos para palmear.
• Cuando tengan práctica, se les debe exigir que palmeen con la mano derecha cuando estén en el lado derecho de la canasta y con la mano izquierda cuando estén en el izquierdo.
• Se puede establecer que cada jugador efectúe un autopalmeo después de coger cada rebote.

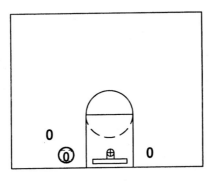

Ejercicio 90: Bloqueo de rebote con dos jugadores

Objetivo: Practicar el bloqueo de rebote y desarrollar el trabajo de pies.

Descripción: En el ejercicio participan cuatro jugadores: –dos defensores (X) y dos atacantes (O). Los dos atacantes deben estar situados por detrás de la línea de tiros libres y justo en el exterior del semicírculo superior de tiros libres. Los dos defensores se colocarán por fuera de la zona, aproximadamente dos metros más cerca de la canasta que los defensores. El entrenador da comienzo al ejercicio efectuando un lanzamiento a canasta. En cuanto se realice el tiro, los atacantes correrán hacia la canasta para intentar coger un rebote ofensivo. Los defensores tratarán de bloquear y mantener alejados a sus respectivos atacantes. Luego, los defensores correrán hacia la canasta para coger el rebote. Si los defensores cogen el rebote, los jugadores intercambiarán sus roles. En cambio, si son los atacantes los que cogen el rebote, el ejercicio se repetirá con los jugadores manteniendo los mismos roles.

Clave del entrenamiento:

• El entrenador debe asegurarse de que los jugadores realizan la ejecución correcta, así como un adecuado trabajo de pies. Deberá hacer todas las correcciones que sean necesarias.

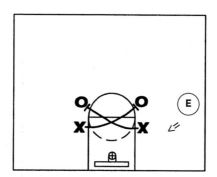

EJERCICIO 91: EJERCICIO DE REBOTE CON DOS FILAS

Objetivo: Enseñar el bloqueo de rebote con agresividad; desarrollar la habilidad para efectuar pases de apertura; mejorar la ejecución del rebote ofensivo.

Descripción: Los jugadores, de cara a canasta, deben formar dos filas, cada una de las cuales se situará en uno de los extremos de la línea de tiros libres. El primer jugador de cada fila actúa como defensor (X), mientras que el resto de jugadores serán atacantes (O). El entrenador (E) da comienzo al ejercicio efectuando un lanzamiento a canasta. Los dos defensores deberán efectuar un bloqueo de rebote al primer atacante de cada fila. Estos dos atacantes intentarán correr a por el rebote, mientras que los dos defensores tratarán de mantenerlos alejados de la canasta para poder coger el rebote y enviar un pase de apertura a otro entrenador o colaborador (P), situado cerca de la banda. A continuación, los dos atacantes se dirigirán al final de sus filas. El ejercicio continúa del mismo modo hasta que los defensores se hayan enfrentado a todos los compañeros, después de lo cual serán reemplazados.

Claves del entrenamiento:

- El entrenador debe cambiar la posición de las filas para practicar el rebote desde diferentes zonas y posiciones.
- Debe permitirse un razonable contacto físico.
- Se debe utilizar un sistema de puntuación que premie a los defensores que cojan más rebotes.
- El E y el P tienen distintas opciones: (1) lanzar a canasta inmediatamente; (2) pasarse el balón uno a otro y luego tirar; (3) pasarle el balón a uno de los atacantes para que efectúe un lanzamiento a canasta.

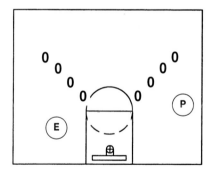

Ejercicio 92: Rebote y contraataque con tres jugadores

•••

Objetivo: Practicar la acción de rebote, el pase de apertura, el trabajo de pies y los fundamentos de contraataque.

Descripción: En el ejercicio intervienen tres reboteadores y tres aleros. El entrenador da comienzo al ejercicio efectuando un lanzamiento desde la línea de tiros libres. Los jugadores 1, 2 y 3 deben ir a por el rebote con agresividad. El jugador que coja el rebote realizará un pase de salida al alero desmarcado (ó 4 ó 6). Mientras esperan el pase de salida, 4 y 6 deben efectuar desplazamientos para desmarcarse. 5 y 7 deberán intentar defender e interceptar el pase de apertura. Después de coger el balón, el reboteador tiene tres opciones principales:

• Pasarle el balón al alero situado en su mismo lado de la pista, si está desmarcado.
• Pasarle el balón al otro alero, que corta hacia el centro de la pista.
• Botar el balón hacia el exterior y luego pasárselo al alero que esté desmarcado.

Después de efectuar el pase de apertura, el reboteador saldrá al contraataque junto con los dos aleros (4 y 6). Deberán llevar el balón hasta el otro lado de la pista. El resto de jugadores esperarán para luego intercambiar sus roles y reanudar el ejercicio.

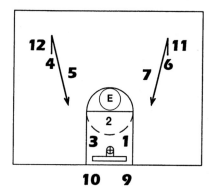

EJERCICIO 93: REBOTE CON DOS BALONES

Objetivo: Enseñar a los reboteadores a realizar un esfuerzo continuo para tratar de capturar el balón; practicar las acciones tanto del rebote como del bloqueo de rebote.

Descripción: El ejercicio consiste en un enfrentamiento entre tres jugadores atacantes (O) y tres defensores (X). El entrenador (E) da comienzo al ejercicio efectuando un lanzamiento a canasta. En cuanto uno de los defensores controle el rebote de ese tiro, un colaborador o segundo entrenador(P) efectuará un segundo lanzamiento a canasta con otro balón. Tanto los X como los O deben intentar coger el rebote de ambos tiros con agresividad. Cada vez que un defensor coja un rebote deberá efectuar un pase de apertura enviándole el balón al E o al P. Si un atacante consigue un rebote ofensivo deberá intentar encestar. Cuando un atacante consiga una canasta, el ejercicio se detendrá.

Claves del entrenamiento:

- El entrenador debe asegurarse de que se realizan las acciones de forma correcta y el adecuado trabajo de pies. Deberá hacer todas las correcciones que resulten necesarias.
- Se debe animar a todos los jugadores a que luchen con agresividad por cada rebote.

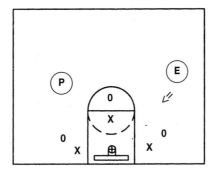

EJERCICIO 94: REBOTE AGRESIVO

Objetivo: Aumentar la agresividad en el rebote y desarrollar la habilidad para resistir el contacto físico y la presión que se producen durante un rebote.

Descripción: Los jugadores deben formar tres filas. El primer jugador de una fila competirá contra los primeros de las otras dos filas. Los tres jugadores se situarán frente a la canasta, de cara a ella. El entrenador (E) dará comienzo al ejercicio lanzando el balón contra el tablero. Los tres jugadores deberán luchar por el rebote. El que coja el rebote se convertirá en un jugador atacante e intentará anotar ante la oposición de los otros dos, que actuarán como defensores. Cuando se consiga una canasta, el ejercicio se repetirá con los tres mismos jugadores, y así hasta que uno de ellos haya conseguido dos canastas. Si un jugador atacante falla su lanzamiento y el balón sigue estando en la zona, el jugador que coja el rebote se convertirá en atacante y deberá intentar anotar. Cuando un jugador consiga dos canastas se colocará aparte. La primera fila que se quede sin jugadores será la ganadora. Cuando se consigue una canasta, o bien cuando el balón rebota y sale de la zona, el balón volverá a manos del E y se reiniciará el ejercicio.

Claves del entrenamiento:

- Los jugadores deben ser animados para que se empleen con intensidad y agresividad.
- Debe ignorarse el contacto físico.
- Después de coger un rebote, el jugador debe lanzar a canasta con agresividad, y no con finura.
- Los jugadores deben mantener las manos levantadas.

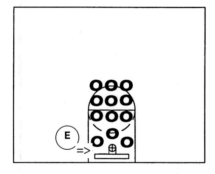

EJERCICIO 95: PALMEOS DE UN LADO A OTRO

Objetivo: Desarrollar la resistencia; practicar el salto rápido y a tiempo.

Descripción: En este ejercicio participan dos jugadores cada vez. Ambos deben colocarse de cara a la canasta y cada uno a un lado de la zona. Uno de los dos jugadores da comienzo al ejercicio palmeando el balón por encima de la canasta de manera que le llegue al otro. A partir de ahí continuarán palmeando el balón pasándoselo de un lado a otro durante un número de veces establecido con anterioridad o bien durante un determinado período de tiempo. Si el balón cae al suelo, deberán reiniciar el ejercicio desde el principio.

Claves del entrenamiento:

• El entrenador puede ordenar a los jugadores que alternen las manos para palmear el balón.
• Deben utilizarse la ejecución correcta para el palmeo.

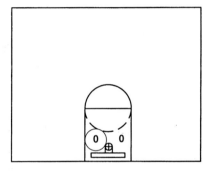

CAPÍTULO X

EJERCICIOS PARA PONER EL BALÓN EN JUEGO DESDE LAS LÍNEAS DE BANDA Y DE FONDO

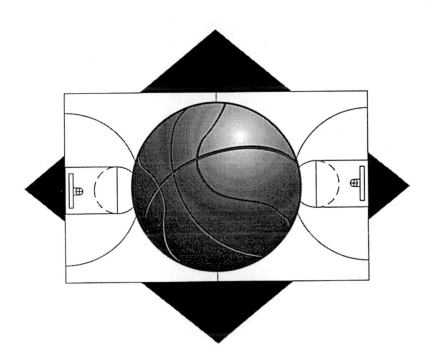

EJERCICIO 96: DOS ARRIBA

Objetivo: Poner el balón en juego desde la línea de fondo; crear oportunidades de anotación ante una defensa individual.

Descripción: El ejercicio comienza con el balón en manos del alero (3) y el resto de atacantes situados en las posiciones que se muestran en el diagrama A. Los dos interiores se mueven hacia arriba de la zona para bloquear a los defensores del escolta (2) y del base (1). Este último sale del bloqueo del pívot (5) y recibe el primer pase. Luego, tal como se muestra en el diagrama B, el 3 recorre la zona hacia arriba para realizar un bloqueo al defensor del ala pívot (4), que saldrá del bloqueo en dirección al poste bajo. A continuación, el 5 entra en la zona para bloquear al defensor del 3. Éste sale del bloqueo en dirección al lado fuerte para recibir un pase y lanzar a canasta. Esta jugada está pensada para crear tres opciones de pase para el 1. Después de recibir el primer pase, puede intentar lanzar a canasta con rapidez, o pasarle el balón al 4, situado en el poste bajo, o al 3, que se halla en el exterior.

Clave del entrenamiento:

• Esta jugada resulta especialmente efectiva ante equipos que practican una defensa individual presionante.

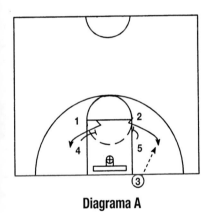

Diagrama A

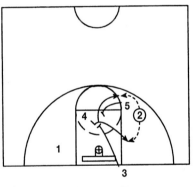

Diagrama B

Objetivo: Poner en juego el balón desde la línea de fondo utilizando una posición stack.

Descripción: El ejercicio comienza con el balón en manos del base (1) y el resto de jugadores situados en las posiciones que se indican en el diagrama A. El alero (3) entra en la zona para bloquear al defensor del pívot (5), que corta el bloqueo para dirigirse hacia el exterior. El ala pívot (4) cruza la zona en diagonal en dirección al lado fuerte. Con este movimiento se despeja el lado débil de la pista. El escolta (2) se abre hacia el exterior para recibir el primer pase, mientras que el 1, después de sacar de fondo, se abre hacia el ala del lado débil. 2 empieza a hacer circular el balón alrededor del perímetro pasándosela a 4, quien a su vez se la envía a 5. Mientras tanto, el 1 debe haber estado intentando que su defensor se le pegue para crear así una oportunidad para efectuar una puerta atrás. Si el defensor se muestra agresivo, es muy probable que esa oportunidad se concrete. Si el defensor está defendiendo a cierta distancia, el 5 le enviará el balón igualmente al 1, que se habrá quedado en el ala (diagrama B). En este caso, el 3 deberá bloquear al defensor del 4, que aprovechará esta acción para cortar hacia el interior de la zona. A su vez, el 3 aprovechará un bloqueo del 5 para desplazarse a la parte superior del círculo de tiros libres. De este modo, el 1 le podrá enviar el balón tanto al 4, situado en el interior de la zona, como al 3 para que efectúe un tiro en suspensión.

Claves del entrenamiento:

- Debe recalcársele al base la importancia de que se abra con rapidez hacia el exterior después de haber puesto en juego el balón desde la línea de fondo para intentar que el defensor que le persigue pierda el control.
- También debe subrayarse la importancia de mover rápidamente el balón a lo largo del perímetro.

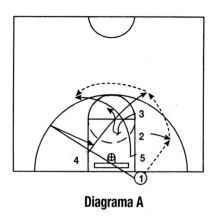

Diagrama A

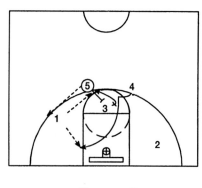

Diagrama B

EJERCICIO 98: PRIMERO AL INTERIOR Y LUEGO AL EXTERIOR

Objetivo: Poner en juego el balón desde la línea de fondo utilizando una posición en rombo.

Descripción: El ejercicio comienza con los jugadores situados en las posiciones que se indican en el diagrama A. El alero (3) se abre hacia la esquina para despejar el poste bajo. El pívot (5) cruza con rapidez la zona para intentar recibir el primer pase. El ala pívot (4) realiza una finta simulando que quiere intervenir en la jugada en el lado fuerte y luego corta hacia el poste bajo, situándose en la posición que ha dejado libre el 5. La primera opción de pase del escolta (2) es intentar enviar el balón a uno de los dos jugadores altos que se hallan en la parte baja de la zona. Mientras tanto, el base (1) debe haberse movido hacia el exterior para convertirse en la segunda opción del 2 para efectuar el primer pase. Si se efectúa este pase, 5 debe intentar buscar una buena posición en la zona para recibir un pase de 1, mientras que 2 correrá hacia el ala del lado débil aprovechando un bloqueo de 4 (diagrama B). El 1 puede enviarle el balón a 2 o a 5, quien a su vez, si recibe el pase, puede girarse para lanzar a canasta o bien enviarle el balón a 2. La tercera opción queda ilustrada en el diagrama C. 2 le pasa el balón a 3, que se halla en la esquina. Cuando se haya efectuado el pase, e 5 realizará un bloqueo para el jugador que ha puesto el balón en juego. 2 aprovechará esta acción para intentar que 3 le devuelva el balón y luego penetrar en la zona para lanzar a canasta.

Clave del entrenamiento:

• A la hora de elegir la opción para sacar de fondo, el jugador que pone el balón en juego debe seguir específicamente el orden que se ha descrito en el ejercicio.

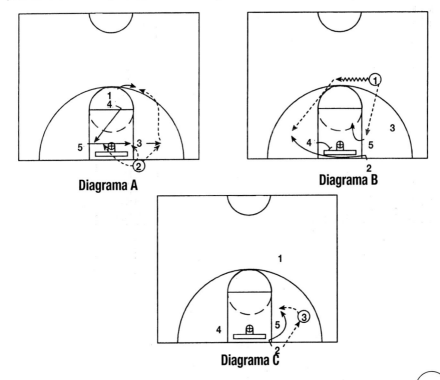

Diagrama A

Diagrama B

Diagrama C

EJERCICIO 99: EL BASE DECIDE

Objetivo: Poner en juego el balón desde la línea de fondo.

Descripción: El ejercicio se inicia con los jugadores situados en las posiciones que se muestran en el diagrama A. El base (1) debe buscar una buena posición para recibir un pase del escolta (2), que, con anterioridad, se ha abierto hacia la línea de banda para recibir el primer pase. El alero (3) arranca con rapidez en dirección a la posición del ala pívot (4), situado al otro lado de la zona. Si 3 observa que su defensor se descontrola al intentar seguirlo, deberá pararse en seco y quedarse cerca del aro, entre el pívot (5) y la canasta, para intentar recibir un pase del 1 que le permita encestar con facilidad. Si esto no sucede, 3 deberá continuar su recorrido hasta situarse junto a 4 justo en el exterior de la zona. Entonces, el 2 se dirigirá hacia el lado contrario cruzando la zona y rodeando los bloqueos efectuados por 5, 4 y 3. En ese momento, 1 dispone de nuevas opciones para continuar la jugada. Puede botar el balón en dirección a 2 y pasárselo al propio 2 o a 3, que después de bloquear tiene que dirigirse hacia la parte superior de la zona en dirección al balón. Pero 1 también puede desplazarse botando el balón hacia la posición que ha dejado libre 2. Desde ahí, puede pasarle el balón a 5, situado en el poste bajo, para intentar un dos contra dos.

Clave del entrenamiento:

• Este ejercicio resulta muy efectivo si 1 es un jugador física y mentalmente fuerte.

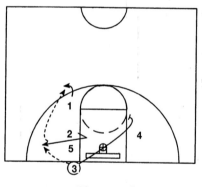

Diagrama A

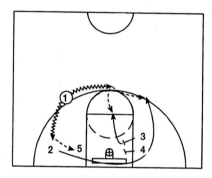

Diagrama B

Ejercicio 100: Cinco en línea

....

Objetivo: Poner en juego el balón desde la línea de banda preparando un tiro de tres puntos.

Descripción: En este ejercicio es el escolta (2) el que pone el balón en juego, mientras que el resto de atacantes, tal como se muestra en el diagrama A, se sitúan en línea recta a la altura del medio campo contrario. El base (1) sale corriendo se dirige hacia la línea de fondo rodeando toda la barrera. Con esta maniobra debería situarse por delante de su defensor. Si 1 está en disposición de recibir un pase, 2 le enviará el balón inmediatamente, y 1 buscará una buena posición para efectuar un rápido lanzamiento de tres puntos. Si 1 no puede recibir el balón, el alero (3) deberá salir de la fila inicial para recibir el primer pase. El siguiente intento de preparar un lanzamiento de tres puntos se muestra en el diagrama B. El ala pívot (4) y el pívot (5) avanzan unos pasos para realizar un doble bloqueo. Después de poner el balón en juego, 2 se dirige hacia la zona llevándose consigo a su defensor. De repente, arranca con rapidez para rodear el doble bloqueo por el exterior y recibir un pase del 3 que le permita efectuar un lanzamiento de tres puntos. En cambio, si 2 no puede recibir el pase, 5 y 4 deben avanzar algunos pasos más para bloquear al defensor de 1. Éste aprovechará el bloqueo para abrirse hacia el exterior y recibir un pase de 3 que le permita efectuar un tiro de tres puntos.

Clave del entrenamiento:

• La primera opción es la que ofrece las mejores posibilidades de conseguir una buena posición para efectuar un lanzamiento de tres puntos. El entrenador debe colocar a sus jugadores de modo que su mejor especialista en tiros de tres puntos esté situado en el extremo exterior del stack.

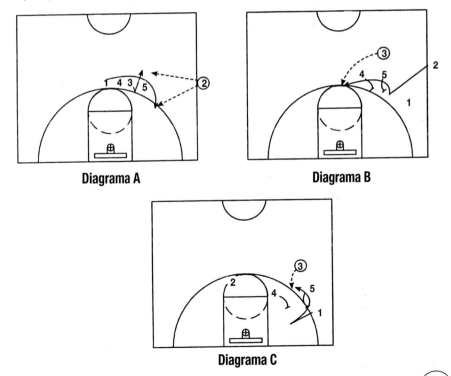

Diagrama A   Diagrama B

Diagrama C

Ejercicios para poner el balón en juego desde las líneas de banda y de fondo (**141**)

EJERCICIO 101: ACLARAR AL PÍVOT

Objetivo: Poner en juego el balón desde la línea de banda; aclarar al pívot en el poste bajo.

Descripción: En este ejercicio es el alero (3) el que pone en juego el balón desde la línea de banda, a la altura del medio campo contrario, mientras que el resto de jugadores se sitúa en las posiciones que se muestran en el diagrama. El pívot (5) avanza hacia el centro de la zona para bloquear al defensor del base (1). Éste se encamina hacia este bloqueo como si fuese a rodearlo para cruzar la zona, pero de repente arranca con rapidez hacia la parte superior de la línea de tres puntos. El ala pívot (4) cruza la zona para situarse en el extremo de la línea de tiros libres y bloquear al defensor del escolta (2). Éste rodea el bloqueo para dirigirse hacia la posición del jugador que pone el balón en juego y recibir el primer pase. 4 permanece en su misma posición para realizar un segundo bloqueo, esta vez al defensor de 1, cuando éste recorre la zona para situarse en el exterior de la línea de tres puntos. Después de poner el balón en juego, 3 permanece en el exterior para servir de alternativa en caso de que 1 no pueda recibir el pase. 2 bota el balón abriéndose hacia el exterior y se la envía a 5, que ha quedado aislado en el interior de la zona. 5 deberá intentar el uno contra uno.

Clave del entrenamiento:

• Si el defensor de 5 le defiende por delante, 5 debe separarse de él, moviéndose hacia el aro, para tener la oportunidad de recibir un pase bombeado.

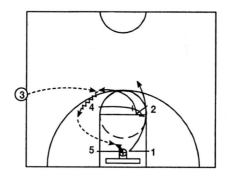

LOS AUTORES

George Karl es el actual primer entrenador de los Seattle SuperSonics. Desde que asumió este cargo el 23 de enero de 1992, Karl ha llevado a los Sonics a conseguir más de 300 victorias. En 1973 se graduó en la Universidad de North Carolina, donde jugó con los Tar Heels de Dean Smith y recibió, como senior, diferentes distinciones del All-American. Karl comenzó su prestigiosa carrera como entrenador en 1978, con funciones de ayudante, en los San Antonio Spurs de la ABA. Después de dos temporadas con los Spurs, Karl pasó a la Continental Basketball Association como primer entrenador de los Montana Golden Nuggets. Con ellos estuvo tres años y, a continuación, en 1984, inició su carrera como primer entrenador en la NBA dirigiendo a los Cleveland Cavaliers. Dos años más tarde, aceptó ese mismo puesto en los Golden State Warriors, –trabajo que desarrolló durante dos temporadas. Posteriormente, Karl estuvo una temporada en los Albany Patroons, de la CBA, y otra en el Real Madrid, de la Liga Española. George Karl, uno de los más inteligentes y respetados entrenadores de este juego, reside actualmente en la zona de Seattle con su mujer Cathy y sus dos hijos, Kelci y Coby.

Terry Scott es, en la actualidad, uno de los segundos entrenadores de los Seattle SuperSonics. Llegó a los Sonics en 1992 con funciones de ojeador y asumió su actual cargo antes del comienzo de la temporada 1993-1994. Graduado en 1980 en la Universidad de Oklahoma, donde recibió numerosas distinticiones como jugador del equipo de baloncesto de los Sooners, Stotts comenzó su carrera de entrenador en 1990 como segundo de los Albany Patroons, precisamente a las órdenes del actual primer entrenador de los Sonics, George Karl. Antes de pasar a formar parte del equipo técnico de los Sonics estuvo una temporada como ayudante de Wayne Fury en los Fort de la CBA. Terry y su mujer Jan residen en la zona de Seattle.

Price Johnson es un joven y exitoso entrenador y director de campus de baloncesto en Bellevue, ciudad cercana a Washington. Durante los últimos 15 años ha trabajado tanto de entrenador como de abogado en el sector del baloncesto juvenil. Desde 1992, Johnsson ha llevado a algún equipo de jóvenes promesas hasta la fase final del campeonato nacional juvenil, clasificándose cada año entre los 10 mejores equipos. Johnsson es copropietario de Hoopaholics, una destacada empresa de ropa deportiva. Price y su mujer Julianne, residen en Bellevue, Washington, con sus dos hijos, James y Dane.

De izquierda a derecha, Terry Stotts, George Karl y Price Johnson.